Chouette

3e

14-15 ANS

Français

Hélène Maggiori
Sandrine Girard

Hatier

© Hatier, Paris, 2019 – ISBN : 978-2-401-05256-7

Ton parcours de révision

Commence par faire le test pour te situer. Coche la case ☐ quand tu as révisé un chapitre.

Achevé d'imprimer en France par Imprimerie IPS
Dépôt légal n°05256-7/02 - Janvier 2020

LECTURE ET EXPRESSION ÉCRITE

VERS LE BREVET

Des outils complémentaires

Complète ton entraînement sur
hatier-entrainement.com

Maquette : Frédéric Jély, Primo & Primo
Illustrations : Adrien Siroy, Juliette Baily, Martin Maniez
Mise en pages : Compo Méca, Grafatom

TEST

1. Réponds aux questions du test.
2. Vérifie chaque réponse à l'aide du corrigé page 2 du livret détachable.
3. Si ta réponse n'est pas juste, entoure le n° du chapitre : il t'aidera à comprendre tes erreurs.

GRAMMAIRE

CHAPITRE

1. Dans la phrase ci-dessous, encadre les sujets et souligne l'attribut du sujet ? 1 p. 6

Je suis décue. Sa performance n'a pas été jugée satisfaisante.

2. Indique la fonction du groupe en couleur dans la phrase ci-dessous. 2 p. 7

Anatole juge ce film très réussi. ☐ épithète ☐ attribut du COD ☐ attribut du sujet

3. Combien d'expansions le nom en couleur a-t-il ? 4 p. 9

Palais-musée, le magnifique château de Fontainebleau reçoit des milliers de visiteurs.

☐ 1 ☐ 2 ☐ 3 ☐ 4

4. Indique le lien qui unit les propositions de la phrase ci-dessous. 6 p. 12

Ils avaient peur car il faisait noir.

☐ juxtaposition ☐ coordination ☐ subordination

5. Indique la nature et la fonction de la proposition en couleur dans la phrase ci-dessous. 8 p. 14

Il a dit à son frère qu'il reviendrait.

Nature : ☐ relative ☐ conjonctive Fonction : ☐ COD ☐ complément du nom

6. Indique quel lien logique est exprimé par la proposition subordonnée en couleur. 9 p. 15

Comme il fait chaud, nous allons nous baigner.

☐ opposition ☐ conséquence ☐ cause

7. Barre la conjonction de subordination qui n'exprime pas l'opposition. 11 p. 17

bien que – afin que – même si – quoique – tandis que

CONJUGAISON

CHAPITRE

8. Lesquels de ces verbes prennent la terminaison *-t* à la 3e personne du singulier du présent ? 13 p. 19

☐ prendre ☐ peindre ☐ résoudre ☐ aller ☐ perdre

Écris-les au passé simple 1re personne du singulier :

je ....

9. Complète la phrase ci-dessous avec la forme verbale qui convient. 15 p. 21

Ce soir-là, à dix heures, après avoir fini mon livre, je ☐ décidais ☐ décidai d'aller dormir.

10. Avec quelle forme faut-il compléter la phrase ci-dessous ? 17 p. 23

Pour que je te ☐ crois ☐ croie ☐ croies, tu dois me donner ta parole.

11. Complète la phrase suivante avec la forme du verbe *sentir* qui convient. 18 p. 24

Bien qu'il se .... fatigué, il voulut sortir.

12. Avec quelle forme faut-il compléter la phrase ci-dessous ? 20 p. 26

Je ne savais pas alors que je ☐ viendrais ☐ viendrai ☐ viens avec toi.

13. En utilisant le conditionnel, transforme cette phrase en une demande atténuée. 21 p. 27

Ferme la fenêtre ! ....

ORTHOGRAPHE

CHAPITRE

14. Mets au pluriel les GN suivants.

un stylo mauve : des ....

une chemise orange : des ....

une fleur rose pâle : des ....

23 p. 30

15. Quelle est la forme incorrecte dans la liste ci-dessous ? Pourquoi ?

☐ chantant ☐ fatigant ☐ fatigant ☐ excellant ☐ vaquant

....

24 p. 31

16. Complète la phrase ci-dessous avec le verbe *être* au présent.

Julie et toi .... sérieux, mais ce n'est pas le cas de Maxime !

25 p. 32

17. Avec quelle forme faut-il compléter les phrases ci-dessous ?

Nous avons fini les exercices que le professeur nous a ☐ donné ☐ donnés ☐ donnée.

Quelles sorties as-tu ☐ prévu ☐ prévus ☐ prévues pour ce week-end ?

26 p. 33

18. Avec quelle forme faut-il compléter les phrases ci-dessous ?

Je n'ai pas lu les lettres qu'ils se sont ☐ écrit ☐ écrits ☐ écrites.

Ils se sont ☐ lavé ☐ lavés ☐ lavées les mains avant le repas.

27 p. 34

19. Coche la forme qui convient.

Il porte des vêtements ☐ tout ☐ tous neufs.

Le temps est nuageux dans la France ☐ tout ☐ toute entière.

29 p. 36

20. Complète la phrase avec *quelque* ou *quel que*.

Nous sortirons skier, ... soit le temps.

31 p. 38

LECTURE ET EXPRESSION ÉCRITE

CHAPITRE

21. Complète la définition.

On appelle .... des mots de sens différents mais proches par la prononciation.

33 p. 40

22. Coche la bonne réponse.

L'expression *une obscure clarté* contient :

☐ une métaphore ☐ un oxymore ☐ une périphrase.

La phrase *Il est beau comme un dieu* contient :

☐ une anaphore ☐ une comparaison ☐ une énumération.

La phrase *Il pleut des cordes* contient :

☐ une comparaison ☐ une métaphore ☐ une personnification.

34 p. 41

23. Transforme la phrase ci-dessous en paroles rapportées indirectement.

« Je suis arrivé hier, disait-il, et je repartirai demain ! »

→ ....

37 p. 46

24. Complète les phrases ci-dessous avec des connecteurs logiques.

J'ai trouvé cette visite de musée ennuyeuse.

.... le conférencier était confus.

.... il parlait trop vite.

38 p. 48

25. Coche ci-dessous la phrase qui définit le mieux un texte argumentatif.

☐ C'est un texte qui permet à son auteur de donner au lecteur son avis, qui est juste.

☐ C'est un texte qui permet à son auteur de convaincre le lecteur que son avis est juste.

39 p. 50

GRAMMAIRE

1 Le sujet et l'attribut du sujet

Comment reconnaître un sujet ?

- Pour reconnaître le sujet d'un verbe, vérifie que tu peux **l'encadrer avec** *C'est... qui...*

  *Tout le week end, **une pluie violente** s'est abattue sur la région.*

  *(→ C'est **une pluie violente** qui s'est abattue sur la région toute la journée.)*

- Rappel : le lien entre le verbe et le sujet est marqué par **l'accord du verbe avec le sujet**, en personne et en nombre.

★ 1 Souligne le sujet et accorde le verbe au temps indiqué entre parenthèses.

1. « Je ne leur (*révéler*, futur) .... jamais l'emplacement du trésor », (*s'exclamer*, présent) .... Barbe-Rousse.

2. Tu me (*fatiguer*, présent) .... avec tes questions !

3. Chaque été, mon père et moi (*pratiquer*, imparfait) .... la pêche aux coquillages en bord de mer.

4. Beaucoup (*espérer*, imparfait) .... participer à cette course prestigieuse. Peu (*réaliser*, passé simple) .... leur rêve.

5. Le basson ainsi que le hautbois (*appartenir*, présent) .... à la famille des instruments à vent.

SCORE ..../ 7

Comment reconnaître un attribut du sujet ?

- L'attribut du sujet exprime une **caractéristique du sujet**. Cette caractéristique est « attribuée » au sujet par l'intermédiaire du verbe être ou d'un verbe équivalent.

  *La pluie me semble plus **violente** aujourd'hui qu'hier.*
  sujet — att. du sujet

- Rappel : le lien entre l'adjectif attribut du sujet et le sujet est marqué par **l'accord de l'adjectif avec le sujet**, en genre et en nombre.

★★ 2 Dans le texte suivant, encadre les sujets des verbes en couleur.

L'ornithorynque est un mammifère de l'est de l'Australie, qui vit dans les rivières et les cours d'eau. Bien qu'il ait été chassé pour sa fourrure jusqu'au début du XXe siècle, l'espèce n'est pas considérée comme menacée. Du fait de ses caractéristiques, cet animal excite la curiosité des scientifiques : seul mammifère qui pond des œufs, l'ornithorynque a un bec de canard, une queue de castor et des pattes de loutre. Le mâle est par ailleurs venimeux : il porte sur ses pattes arrière un aiguillon qui libère du venin.
Quand le premier spécimen a été découvert en 1798, son apparence semblait si extraordinaire que les savants britanniques crurent à un canular.

SCORE ..../ 11

COUP DE POUCE
Par deux fois, le sujet est le pronom relatif *qui*.

★★ 3 Dans le texte précédent, souligne les quatre attributs qui caractérisent certains de ces sujets.

SCORE ..../ 4

Corrigés p. 2

TOTAL ..../ 22

GRAMMAIRE

2 L'attribut du COD

À quoi sert un attribut du COD ?

- L'attribut du sujet exprime une caractéristique du sujet. L'attribut du COD, lui, exprime une **caractéristique du COD par l'intermédiaire d'un verbe d'opinion** comme *trouver, juger, considérer comme, estimer, croire...* On le rencontre aussi après des verbes tels que *nommer, appeler, élire, rendre*.

*Ils jugèrent <u>la maison</u> **trop petite**.*
sujet verbe COD attribut du COD

→ *Trop petite* qualifie *la maison*, c'est un attribut du COD *la maison*.

★ 1 Quelle est la fonction du mot en couleur ? Coche la bonne case.

	COD	Attribut du sujet	Attribut du COD
J'ai trouvé ce livre génial !			
Les élèves ont élu Lola déléguée de classe.			
Clara juge ses sœurs trop petites pour partir.			
Elle estime qu'elles sont trop jeunes pour participer.			
Ils ont appelé leur chat Hercule.			

SCORE .... / 5

★★ 2 Souligne les COD des verbes en couleur et encadre les attributs de ces COD.

Les enseignants de ce collège conseillent les élèves sur leur orientation en tenant compte de leurs capacités. Ils considèrent chacun comme apte à poursuivre des études longues. Parce qu'ils jugent primordiale la découverte des métiers, ils organisent des stages tout au long de la scolarité.

SCORE .... / 4

ATTENTION
L'un des deux attributs du COD est placé avant le COD.

Où se place-t-il ?

- L'attribut du COD se place **à côté du COD** qu'il caractérise, **sauf si ce dernier est un pronom** : il faut veiller dans ce cas à ne pas faire de faute d'accord.

*Elle trouva <u>les fleurs</u> **si belles** qu'elle <u>les</u> crut **fausses**.*
L'adjectif *fausses* s'accorde avec le COD *les* (mis pour *fleurs*).

★★ 3 Accorde les adjectifs en couleur.

1. Nous avons tous trouvé les exercices (facile) ....
2. Je crois Magali très (doué) .... sur le plan artistique.
3. Ils estiment ces mesures (nécessaire) ....
4. Je ne les pense pas (capable) .... de commettre un vol.

SCORE .... / 4

ATTENTION
L'un des deux attributs du COD est placé avant le COD.

Corrigés p. 2

TOTAL .... / 13

GRAMMAIRE

3 Complément d'objet et complément circonstanciel

Comment distinguer un complément d'objet d'un complément circonstanciel ?

- Un **complément d'objet** complète un verbe **de manière obligatoire**. On distingue le **COD**, construit directement, du **COI**, construit avec une préposition.

  Vous avez reçu ***un document d'information***. → *Vous avez reçu.* (phrase incorrecte)
  (*un document d'information* : COD)

- Un **complément circonstanciel**, lui, complète une phrase **de manière facultative**. Il peut être déplacé ou supprimé sans que la phrase devienne incorrecte.

  Vous avez reçu un document d'information ***le mois dernier***.
  (*le mois dernier* : CC)

  → ***Le mois dernier****, vous avez reçu un document d'information.*
  → *Vous avez reçu un document d'information.* (phrase possible)

- Il **apporte une précision sur les circonstances de l'action** exprimée par le verbe.

  Ce soir*, je prendrai la route* ***en voiture***. (CC de temps : *ce soir* ; CC de moyen : *en voiture*)

★★ 1 Analyse les phrases et complète le tableau.

Les réformes sociales du Front populaire.

Dans un contexte de grève générale, Léon Blum organise des négociations entre patronat et syndicats. Les accords de Matignon du 7 juin 1936 prévoient l'extension des conventions collectives et des augmentations de salaires. Ces mesures sont complétées par les lois sur la semaine de 40 h de travail et les congés payés. Les salariés saluent ces avancées sociales avec enthousiasme.

Verbes	Compléments d'objet	Compléments circonstanciels
organise	....	....
prévoient	....	....
saluent	....	....

COUP DE POUCE
Certains groupes COD sont assez étendus : recopie-les en entier

SCORE ..../ 5

★ 2 Indique si le complément en couleur est un COD ou un COI.

1. J'ai perdu mes clés (..............) et j'ai dû m'adresser au voisin (.........................) qui possède un double (..............).

2. Je souhaiterais renouveler mon passeport (..............). Quels documents (..............) dois-je fournir ? Je vous remercie par avance pour votre réponse (..............).

SCORE ..../ 6

★ 3 Indique, pour chaque complément circonstanciel en couleur, la circonstance exprimée.

1. Depuis quelques années (................), nous habitons près de la forêt (................).

2. Malgré le froid (................), David est allé au cinéma à vélo (................).

3. Si tu veux être à l'heure (................), il faut se donner rendez-vous à 17 heures. (................).

SCORE ..../ 6

COUP DE POUCE
Si tu ne peux pas supprimer le complément, il s'agit d'un complément de verbe.

Corrigés p. 3

TOTAL ..../ 17

GRAMMAIRE

4 Les expansions du nom

Comment un nom peut-il être complété ?

- Un nom ou un GN peuvent être complétés par des **expansions qui apportent des précisions** sur ce nom ou ce GN. Parmi les expansions les plus courantes figurent l'**épithète** et le **complément du nom**.

  Ce matin brille un ***chaud soleil d'été****.*
  → L'adjectif *chaud* est épithète du nom *soleil*.
  → Le GN *d'été* est complément du nom *soleil*.

- Construite de façon détachée, le plus souvent entre virgules, l'**apposition** est une expansion qui vient enrichir un GN.

  Ce matin brille un chaud soleil d'été, ***bien agréable****.*
  → L'apposition *bien agréable* complète le GN *un chaud soleil d'été*.

- Enfin, un nom ou un GN peut être complété par une **proposition subordonnée relative**.

  Le soleil est l'étoile ***qui est au centre du système solaire****.*
  → La proposition relative *qui est au centre du système solaire* complète le nom *étoile*.

1 **Dans le texte suivant, souligne les expansions des noms en couleur et indique en dessous s'il s'agit d'épithètes, de compléments du nom ou de propositions relatives.**

> **COUP DE POUCE**
> Parmi les expansions à relever, il y a cinq compléments du nom.

Chaque année a lieu la fête municipale de Livry-Gargan. Tout le monde s'y prépare longtemps

....

à l'avance : les parents, les enfants et surtout les commères du quartier, parce qu'à la ker-

....

messe, tu refais ta réserve de ragots. Il y a des groupes de musique qui défilent. Des jeunes

....

de la cité viennent rapper. Il y a même des filles qui chantent avec eux.

....

D'après Faïza Guène, *Kiffe kiffe demain* © Hachette littératures, 2004. © Librairie Arthème Fayard, 2010.

SCORE ..../ 8

2 **Complète les proverbes, puis indique la classe et la fonction de l'expansion utilisée.**

1. Au royaume ...., les borgnes sont rois.

→ ....

2. Après la pluie, le .... temps.

→ ....

3. Pierre .... n'amasse pas mousse.

→ ....

SCORE ..../ 9

Corrigés p. 3

TOTAL ..../ 17

GRAMMAIRE

5 Les formes de phrase

Qu'est-ce qui caractérise la forme négative ?

- Quel que soit son type (déclaratif, interrogatif, exclamatif ou impératif), une phrase peut se présenter sous une forme affirmative ou négative.
  Je suis en vacances. → Forme affirmative.
  *Je **ne** suis **pas** en vacances.* → Forme négative.
- Une phrase de forme affirmative devient négative **si l'on ajoute un adverbe de négation** tel que *ne... pas ; ne... plus ; ne... jamais ; ne... rien...*, etc.

★ 1 Mets les phrases suivantes à la forme négative en faisant porter la négation sur le terme en couleur.

1. Tout le monde est d'accord sur ce point. ....
2. J'ai appris quelque chose d'intéressant. ....
3. Elle veut encore poursuivre les recherches. ....
4. Il veut toujours prendre la parole. ....

SCORE ..../ 4

Qu'appelle-t-on la forme emphatique ?

- Dans une phrase de **forme neutre**, aucun mot n'est mis en relief.
  Il se promène dans la rue sans but précis.
- Dans une phrase de **forme emphatique**, l'un des constituants est mis en relief :
  - par une tournure présentative (*c'est... que*) ;
    ***C'est** sans but précis **qu**'il se promène dans la rue.*
  - par un déplacement en tête de phrase (+ inversion du sujet éventuelle).
    ***Dans la rue déserte** marchait un homme courbé.*

★ 2 La phrase est-elle affirmative ou négative ? Neutre ou emphatique ?

1. Amélie ne s'occupe jamais de ses petits frères. ....
2. Voilà qu'il pleut à nouveau ! ....
3. Je ne devine pas ses pensées. ....
4. Je partirai de bonne heure pour éviter la foule. ....
5. Ce n'est pas lui que j'ai vu l'autre jour. ....

SCORE ..../ 5

★★ 3 Transforme ces phrases emphatiques en phrases neutres.

1. C'est bien elle que tu as vue partir. ....
2. Vraiment, moi, ton histoire, je n'y crois pas un seul instant ! ....

....

3. C'est bien avant que tout a commencé. ....

4. Est-ce que c'est vous qui m'avez téléphoné ? ....

....

SCORE ..../ 4

4 **Transforme ces phrases neutres en phrases emphatiques.**

1. Je suis l'aîné de la fratrie. ....
2. Ce footballeur est un futur champion. ....
3. L'éruption du Vésuve a détruit Pompéi. ....
4. Cet acteur a joué dans des films et des séries américaines. ....

....

SCORE ..../ 4

> **COUP DE POUCE**
> Utilise la tournure courante *c'est... qui* ou *c'est... que*.

5 **Dans les phrases suivantes, indique quel procédé de mise en relief est utilisé.**

	Déplacement d'un CC en tête de phrase	Utilisation d'un présentatif
C'est toi qui remplaces ton frère.		
Dans les champs paissent des vaches.		
Par habitude, l'enfant traverse sans regarder.		
C'est une histoire que tu m'as déjà racontée.		
Du haut des gradins, je vois tout le stade.		

SCORE ..../ 5

À quoi sert la forme passive ?

- La forme passive permet de **mettre en valeur l'objet qui subit l'action** exprimée par le verbe.
- Prenons un exemple :
  - **Forme active** : *Les médecins ont pris en charge* ***les blessés****.*
  - **Forme passive** : ***Les blessés*** *ont été pris en charge par les médecins.*

  → *Les blessés*, COD de *ont pris en charge* dans la phrase active, devient sujet dans la phrase passive. On met l'accent sur les blessés, qui subissent l'action exprimée par le verbe.

6 **Mets les phrases à la forme passive, puis souligne dans chaque phrase l'élément qui subit l'action.**

1. Le lycée organise un voyage en Espagne chaque année.

....

2. Un archéologue a récemment retrouvé de rares manuscrits antiques.

....

3. Le gouvernement annoncera prochainement une série de réformes.

....

SCORE ..../ 6

> **COUP DE POUCE**
> Dans la phrase active, tu dois souligner le COD du verbe ; dans la phrase passive, le sujet du verbe.

Corrigés p. 3

TOTAL ..../ 28

GRAMMAIRE

6 La structure d'une phrase complexe

Quels peuvent être les liens entre deux propositions ?

- Une phrase complexe contient **au moins deux verbes conjugués** ;
elle est donc composée d'**au moins deux propositions** qui peuvent être :
– **juxtaposées**, c'est-à-dire séparées par une virgule, un point-virgule ou un deux-points ;
Il est heureux, il a enfin gagné le match.
– **coordonnées**, c'est-à-dire reliées par une conjonction de coordination (*mais*, *ou*, *et*, *donc*, *or*, *ni*, *car*) ou un adverbe de liaison (*puis*, *ainsi*...) ;
*Il est heureux **car** il a enfin gagné le match.*
– **subordonnées**, c'est-à-dire reliées par un mot subordonnant (conjonction de subordination, pronom relatif ou mot interrogatif).
*Il est heureux **parce qu'**il a enfin gagné le match.*

- Dans une phrase composée de plusieurs propositions juxtaposées ou coordonnées, chaque proposition est **indépendante** des autres.
Une proposition **subordonnée**, elle, ne peut fonctionner toute seule : elle complète une autre proposition, appelée **principale**, dont elle dépend.

★ 1 Lis le texte suivant, souligne les verbes conjugués, puis complète le tableau.

COUP DE POUCE
Tu dois souligner six verbes conjugués.

Igor Beshevich traverse la foule pour se rendre au musée où il travaille comme gardien.

Le service d'Igor Beshevich commençait à six heures et l'encombrement des rues du quartier Mlanecsz l'avait déjà bien trop retardé (a). La foule lambinait comme un gros serpent le long des boutiques d'écriture et de bougies ; chacun essayait tant bien que mal d'éviter les mares formées par la neige fondante dans le ruisseau (b). Les femmes surtout étaient les plus lentes à force de relever leurs jupons pour qu'ils ne soient pas crottés (c).

Philippe Claudel, « Paliure », *Les Petites Mécaniques* © Mercure de France, 2003.

Phrase du texte	Nombre de verbes conjugués	Mot ou signe reliant les propositions	Juxtaposition, coordination, ou subordination ?
(a)	....	....	....
(b)	....	....	....
(c)	....	....	....

SCORE ..../ 9

★★ 2 Transforme les deux phrases en une seule en suivant l'indication entre parenthèses.

INFO
Il peut y avoir plusieurs solutions pour chaque phrase.

1. Je me lève. Il est déjà 9 heures. → (subordination)

....

2. Je souris. Il me rend mon sourire. → (coordination)

....

3. Igor est énervé. Tout l'irrite. → (juxtaposition)

....

SCORE ..../ 3

Corrigés p. 4

TOTAL ..../ 12

GRAMMAIRE

7 Les subordonnées (1) : natures

Quelles sont les différentes subordonnées ?

- Une proposition **subordonnée** est reliée à la **principale** par un **mot subordonnant**.
- Selon le cas, le mot subordonnant est :
  - un **pronom relatif** (*qui, que, quoi, dont, où, lequel* et ses composés) qui introduit une **proposition subordonnée relative** ;

    *L'homme [**qui** est venu] est grand et barbu.*
  - un **mot interrogatif** (*qui, quoi, lequel, quel, si, quand, comment, pourquoi...*) qui introduit une **proposition subordonnée interrogative indirecte** ;

    *Il me demande [**qui** est venu].*
  - une **conjonction de subordination** (*que, quand, parce que, pour que, après que...*) qui introduit une **subordonnée conjonctive.**

    *Je sais [**que** tu viendras] [**quand** tu pourras].*

★ 1 Souligne tous les mots subordonnants puis classe-les dans le tableau.

COUP DE POUCE
Tu dois trouver huit mots subordonnants.

> Un après-midi, ma mère m'avait demandé si j'aimerais aller à Luna Park. [...] Quand j'y repense aujourd'hui, je crois qu'elle voulait tout simplement que je la laisse seule cet après-midi-là. [...] Elle m'a tendu un grand billet de banque et elle m'a dit : « Va t'amuser à Luna Park. » [...]
> Quand j'ai acheté le ticket, à l'entrée, le monsieur a paru surpris que je paye avec un aussi gros billet. Il m'a rendu la monnaie et il m'a laissée passer. Une journée d'hiver. On aurait dit qu'il faisait nuit. [...] Ce qui me frappait surtout, c'était le silence.

Patrick Modiano, *La Petite Bijou* © Éditions Gallimard, 2001.

Pronom relatif	Mot interrogatif	Conjonction de subordination
....	....	....
....	....	....

SCORE ..../ 16

★ 2 Complète les phrases suivantes avec le mot subordonnant qui convient.

1. (pronom relatif) Des garçons .... les chaussures étaient trouées me regardaient.
2. (conjonction de subordination) Je suis partie en courant .... j'ai eu peur.
3. (mot interrogatif) Ils m'ont demandé .... j'avais peur.
4. (pronom relatif) J'ai donné les billets .... me restaient.

SCORE ..../ 4

★ 3 Quelle est la nature de *si* ? Coche la phrase intruse.

- ❑ **1.** Anna se demande si elle doit se changer pour la soirée.
- ❑ **2.** Si Jules trouve la solution, il sera déclaré vainqueur.
- ❑ **3.** Yannis ne sait plus s'il a bien fermé la porte en partant.

SCORE ..../ 1

Corrigés p. 4

TOTAL ..../ 21

GRAMMAIRE

8 Les subordonnées (2) : fonctions

Quelle est la fonction d'une subordonnée relative ?

- Une subordonnée relative est le plus souvent **complément du nom**. Le pronom relatif qui l'introduit représente ce nom appelé **antécédent**.

*Il n'a pas vu le panneau [**que** cachait le brouillard].*
sub. relative compl. de l'antécédent *panneau*

★ 1 Souligne les propositions relatives et entoure le nom complété.

On contait de lui qu'à Corte, où il avait pris femme, il s'était débarrassé fort vigoureusement d'un rival qui passait pour aussi redoutable en guerre qu'en amour : du moins on attribuait à Mateo certain coup de fusil qui surprit ce rival comme il était à se raser devant un petit miroir pendu à sa fenêtre. L'affaire assoupie, Mateo se maria. Sa femme Giuseppa lui avait donné d'abord trois filles (dont il enrageait), et enfin un fils, qu'il nomma Fortunato : c'était l'espoir de sa famille, l'héritier du nom.

Prosper Mérimée, *Mateo Falcone*, 1829.

SCORE .... / 10

COUP DE POUCE
Tu dois trouver cinq propositions subordonnées relatives.

Quelles sont les autres fonctions d'une subordonnée ?

- Une **subordonnée complétive** (interrogative indirecte ou conjonctive) est en général complément d'objet. *Il a compris [**que** le brouillard cachait un panneau].*
sub. complétive COD

- Une **subordonnée circonstancielle** est complément circonstanciel de temps, de cause, de but... *Il n'a pas vu le panneau [**parce qu'**il y avait du brouillard].*
sub. circonstancielle CC de cause

★★ 2 Dans le texte de l'exercice 1, relève une subordonnée complétive et une subordonnée circonstancielle.

1. Subordonnée complétive : ....

2. Subordonnée circonstancielle : ....

SCORE .... / 2

★★ 3 Dans chaque phrase, indique la fonction de la proposition en couleur.

	COD	CC
1. L'entraîneur se demande si son équipe est à la hauteur.	❏	❏
2. Si un joueur se blesse durant le match, on appelle un remplaçant.	❏	❏
3. La finale a été laborieuse quoi qu'en pensent les journalistes sportifs.	❏	❏
4. Je pense que ce joueur est le meilleur buteur au monde.	❏	❏
5. Parce que l'équipe a joué « collectif », elle a pu remporter la demi-finale.	❏	❏
6. L'équipe de France estime qu'elle peut remporter ce match.	❏	❏

SCORE .... / 6

ATTENTION
Une subordonnée CC est déplaçable et supprimable, ce qui n'est pas le cas d'une subordonnée complétive.

Corrigés p. 5

TOTAL .... / 18

GRAMMAIRE

9 L'expression de la cause et de la conséquence

Par quels procédés exprime-t-on la cause ?

- Dans une phrase complexe, la cause est exprimée par une **proposition subordonnée circonstancielle de cause**, introduite le plus souvent par les conjonctions de subordination *parce que, comme, puisque*… + indicatif.

  *La petite fille pleure [**parce que** son chat s'est sauvé].*

- Si les **propositions** sont **coordonnées**, elles peuvent être reliées par *car, en effet*…

1 Lis ce texte et souligne les propositions subordonnées de cause.

Zadig et son valet ont été réduits en esclavage. Alors qu'ils suivent le marchand qui les a achetés, Zadig livre à son compagnon d'infortune ses réflexions sur leurs aventures.

« Je vois, lui disait-il, que les malheurs de ma destinée se répandent sur la tienne. Tout m'a tourné jusqu'ici d'une façon bien étrange. J'ai été envoyé au supplice parce que j'avais fait des vers à la louange du roi ; j'ai été sur le point d'être étranglé parce que la reine avait des rubans jaunes ; et me voici esclave avec toi parce qu'un brutal a battu sa maîtresse. Allons, ne perdons point courage ; tout ceci finira peut-être ; il faut bien que les marchands arabes aient des esclaves ; et pourquoi ne le serais-je pas comme un autre, puisque je suis un homme comme un autre ? Ce marchand ne sera pas impitoyable ; il faut qu'il traite bien ses esclaves, s'il en veut tirer des services. »

D'après Voltaire, *Zadig*, 1747.

SCORE ……… / 4

COUP DE POUCE
Tu dois trouver quatre propositions subordonnées de cause.

Par quels procédés exprime-t-on la conséquence ?

- Dans une phrase complexe, la conséquence est exprimée par une **proposition subordonnée de conséquence**, introduite par les conjonctions de subordination *si bien que, de sorte que, si… que, tant… que, tellement… que…* + indicatif.

  *La petite fille est **si** triste [**qu'**elle pleure].*

- Si les **propositions** sont **coordonnées**, elles peuvent être reliées par *donc, c'est pourquoi*…

2 Les phrases suivantes sont constituées de deux propositions coordonnées. Indique le lien logique exprimé (cause ou conséquence).

1. Le client de l'hôtel est en colère car il y a du désordre dans sa chambre. → ……………………
2. Le temps était orageux, j'ai donc pris mon parapluie. → ……………………
3. Il a froid, c'est pourquoi il tremble. → ……………………
4. Les rats font peur aux gens, car ils transmettent des maladies. → ……………………

SCORE ……… / 4

Corrigés p. 5

TOTAL ……… / 8

GRAMMAIRE

10 L'expression du but

Par quels procédés exprime-t-on le but ?

- Dans une **phrase simple**, le but est exprimé par un **GN** ou un **infinitif** introduit le plus souvent par la préposition *pour*.

  *Je lui ai envoyé un message [**pour** prendre de ses nouvelles].*

- Dans une **phrase complexe**, le but est exprimé par une **proposition subordonnée circonstancielle de but**, introduite par les conjonctions de subordination *pour que* ou *afin que…* + subjonctif.

  *Le père marche doucement [**pour que** son enfant puisse le suivre].*

★ 1 Lis le texte et délimite par des crochets les propositions subordonnées de but.

Un peintre a pris comme modèle sa femme, qui pose pour lui des heures durant.

La pose fut ainsi pour elle une torture. La bonne vie à deux avait cessé, comme s'il eût introduit dans la maison une maîtresse. Il la tuait à la pose pour embellir l'autre. Quelle souffrance de prêter sa chair, pour que l'autre naquît, pour que le cauchemar de cette rivale les hantât, fût toujours entre eux !

D'après Émile Zola, *L'Œuvre*, 1886.

SCORE ..../ 3

COUP DE POUCE
Dans l'un des cas, la conjonction *pour que* n'est pas répétée, afin d'éviter une répétition.

★ 2 Souligne dans le texte de l'exercice 1 une phrase simple contenant un CC de but.

SCORE ..../ 1

★★ 3 Transforme chaque couple de phrases simples en une phrase complexe contenant une principale et une subordonnée de but.

ATTENTION
Attention au sens des phrases et au mode des verbes.

1. Le tableau progresse. Claude peint beaucoup.

→ ....

2. La jeune femme garde la pose. Claude la peint.

→ ....

SCORE ..../ 2

Pour que exprime-t-il toujours le but ?

- **Différencier but et conséquence** est parfois difficile, car, dans les deux cas, on peut utiliser la conjonction *pour que*.

  *Le père marche trop vite [**pour que** son enfant puisse le suivre].*

  → *Pour que* annoncé par *assez* ou *trop* exprime la conséquence.

★★ 4 *Pour que* introduit-il une subordonnée de but ou de conséquence ?

1. Claude fait des efforts pour que le tableau soit parfait. → ....

2. Le tableau n'est pas assez beau pour que Claude soit satisfait. → ....

SCORE ..../ 2

Corrigés p. 6

TOTAL ..../ 8

GRAMMAIRE

11 L'expression de l'opposition

Par quels procédés exprime-t-on l'opposition ?

- Dans une **phrase simple**, l'opposition est exprimée par un **GN** ou un **infinitif** introduit par une préposition : *malgré*, *en dépit de*, *au lieu de*…

  *[**Malgré** son goût pour la solitude,] il a de nombreux amis.*

- Dans une **phrase complexe**, l'opposition peut être exprimée par une **proposition coordonnée** à l'aide de la conjonction *mais* ou d'un adverbe tel que *pourtant*, *cependant*, *néanmoins*.

  *Il est souvent entouré d'amis, [**mais** il aime aussi rester seul].*

- On peut recourir enfin à une **proposition subordonnée d'opposition** introduite par une conjonction de subordination : *alors que*, *bien que*, *quoique*…

  *[**Bien qu'**il aime la solitude,] il est souvent entouré d'amis.*

★ 1 Dans chaque phrase, souligne les éléments qui expriment l'opposition.

1. Malgré tous ses efforts, il a perdu.
2. Même si elle ne participe pas à cette compétition, elle s'y intéresse vivement.
3. La maison paraît inoccupée, mais des bruits étranges s'y font entendre.

SCORE ..../ 3

★★ 2 Transforme chaque couple de phrases simples en une phrase complexe comportant une proposition subordonnée d'opposition.

1. Je suis pressé. Je prends mon temps.

→ ....

2. La lampe reste éteinte. Il fait nuit.

→ ....

3. Il est triste au fond de lui. Il sourit à ses amis.

→ ....

SCORE ..../ 3

★★★ 3 Après avoir souligné la proposition subordonnée d'opposition, réécris le texte sur ton cahier de brouillon, de façon à obtenir deux propositions coordonnées exprimant la même idée.

Avant de maîtriser le feu et cuire les aliments, les hommes préhistoriques, habitués à manger des végétaux, doivent se débrouiller comme ils peuvent pour manger de la viande crue.

Et, bien que les meilleurs morceaux ne soient pas faciles à déchirer ni à manger avec une dentition d'herbivore, on peut auparavant les dépecer et les émietter avec des pierres, et finir de les mastiquer tant bien que mal avec les molaires.

D'après Roy Lewis, *Pourquoi j'ai mangé mon père* (1960), trad. Vercors et Rita Barisse © Actes Sud, 1990.

SCORE ..../ 2

COUP DE POUCE
Pense à transformer *soient*.

Corrigés p. 6

TOTAL ..../ 8

GRAMMAIRE

12 L'expression de la condition

Par quel procédé exprime-t-on la condition dans une phrase simple ?

- Dans une **phrase simple**, la condition est exprimée par un **GN** ou un **infinitif** introduit par une préposition : *avec, sans, en cas de, à condition de, à moins de...*

  *[**En cas de** pluie,] l'excursion sera annulée.*

★ 1 Complète chaque phrase en ajoutant une préposition devant le CC de condition.

1. .... grève, les cours sont suspendus pour la journée.

2. .... message de ta part d'ici demain, je considèrerai que tu es d'accord.

3. Tu peux nous rejoindre chez Léa, ... d'y être invité.

SCORE ..../ 3

Par quel procédé exprime-t-on la condition dans une phrase complexe ?

- Dans une **phrase complexe**, la condition est exprimée par une **proposition subordonnée de condition** introduite le plus souvent par la conjonction de subordination *si*.

  *[**Si** la mer est agitée,] le bateau reste au port.*

- On peut recourir également à d'autres conjonctions de subordination : *au cas où, à condition que, suivant que, à supposer que, à moins que, soit que... soit que...*

  *[**Au cas où** j'aurais le choix,] je préférerais rester au lit.*

★ 2 Souligne dans le texte les propositions subordonnées de condition.

Sur le penchant de quelque agréable colline bien ombragée, j'aurais une petite maison blanche avec des contrevents verts, si j'étais riche ; et quoique une couverture de chaume soit en toute saison la meilleure, je préférerais magnifiquement, non la triste ardoise, mais la tuile, parce qu'elle a l'air plus propre et plus gai que le chaume.
Si quelque fête champêtre rassemblait les habitants du lieu, j'y serais des premiers avec ma troupe ; si quelques mariages se faisaient à mon voisinage, on saurait que j'aime la joie, et j'y serais invité.

D'après Jean-Jacques Rousseau, *Émile ou De l'éducation*, 1762.

SCORE ..../ 3

> **COUP DE POUCE**
> Tu dois trouver trois subordonnées de condition.

★★ 3 Transforme les GN en couleur en propositions subordonnées de condition.

1. Sauf contrordre de votre part, je me présenterai à votre bureau demain matin.

→ ....

2. Dépose un message sur mon répondeur en cas de nécessité.

→ ....

3. Le crédit sera accordé sous réserve d'acceptation de votre dossier.

→ ....

SCORE ..../ 3

> **ATTENTION**
> Le verbe d'une proposition subordonnée de condition introduite par *si* est toujours à l'indicatif.

Corrigés p. 6

TOTAL ..../ 9

CONJUGAISON

13 L'indicatif présent : cas difficiles

Quelles règles retenir pour conjuguer des verbes du 3e groupe au présent ?

- À l'indicatif présent, les verbes du 3e groupe ont ceci de particulier que **leur radical n'est pas régulier** ; par ailleurs, aux **personnes du singulier**, les terminaisons les plus fréquentes (*-s*, *-s*, *-t*) ne sont pas systématiques.
- Observe ce tableau.

Verbes	1re personne du sing.	2e personne du sing.	3e personne du sing.
verbes en *-tir* (perdent le *-t*)	**-s** : *je mens*	**-s** : *tu mens*	**-t** : *il ment*
verbes en *-dre*	**-ds** : *je perds*	**-ds** : *tu perds*	**-d** : *il perd*
verbes en *-indre* et *-soudre* (perdent le *-d*)	**-s** : *je peins*, *je résous*	**-s** : *tu peins*, *tu résous*	**-t** : *il peint*, *il résout*
battre, *mettre* (+ dérivés)	**-ts** : *je bats*, *je mets*	**-ts** : *tu bats*, *tu mets*	**-t** : *il bat*, *il met*
vaincre (+ dérivés)	**-cs** : *je vaincs*	**-cs** : *tu vaincs*	**-c** : *il vainc*
rompre (+ dérivés)	**-ps** : *je romps*	**-ps** : *tu romps*	**-pt** : *il rompt*
pouvoir, *vouloir*, *valoir*	**-x** : *je peux*, *je veux*, *je vaux*	**-x** : *tu peux*, *tu veux*, *tu vaux*	**-t** : *il peut*, *il veut*, *il vaut*

1 **Complète le tableau suivant en conjuguant les verbes à l'indicatif présent.**

	partir	craindre	convaincre	permettre
1re pers. sing.	....	....	....	....
3e pers. sing.	....	....	....	....
3e pers. plur.	....	....	....	....

SCORE .... / 12

ATTENTION
Certains verbes changent de radical entre le singulier et le pluriel.

2 **Dans ces vers de Paul Verlaine, écris au présent les verbes entre parenthèses.**

Éloigné de vos yeux, Madame, par des soins
Impérieux (j'en (prendre) .... tous les dieux à témoins),
Je (languir) .... et je (mourir) ....,
comme c'est ma coutume
En pareil cas, et (aller) ...., le cœur plein d'amertume,
À travers des soucis où votre ombre me (suivre) ....,
Le jour dans mes pensers, dans mes rêves la nuit.

Paul Verlaine, « Lettre », *Fêtes galantes*, 1869.

SCORE .... / 5

COUP DE POUCE
Un des verbes est à la 3e personne du singulier.

Corrigés p. 6

TOTAL .... / 17

CONJUGAISON

14 Le passé simple

Comment forme-t-on le passé simple ?

- Au passé simple, les terminaisons des verbes des **1er et 2e groupes** sont toujours les mêmes. Pour les verbes du **3e groupe**, on rencontre le plus souvent les terminaisons indiquées dans le tableau ci-dessous.

1er groupe	-ai, -as, -a, -âmes, -âtes, -èrent	*manger* → *je mange**ai**, elles mang**èrent***
2e groupe	-is, -is, -it, -îmes, -îtes, -irent	*faire* → *je f**is**, il f**it***
3e groupe	-is, -is, -it, -îmes, -îtes, -irent	*prendre* → *je pr**is**, elle pr**it***
	-us, -us, -ut, -ûmes, -ûtes, -urent	*croire* → *je cr**us**, elles cr**urent***

- Note que les verbes *venir* et *tenir* (et leurs dérivés) ont des terminaisons particulières :
  - *venir : je v**ins**, elle v**int**, elles v**inrent***
  - *tenir : je t**ins**, elle t**int**, ils t**inrent***

INFO
Le passé simple est essentiellement utilisé à l'écrit : dans des récits à la 1re ou 3e personne.

★ 1 Complète le tableau suivant en conjuguant les verbes au passé simple.

	suivre	courir	faire	devoir	finir
1re pers. sing.	....	....	....	....	....
3e pers. sing.	....	....	....	....	....
3e pers. plur.	....	....	....	....	....

SCORE .... / 15

★ 2 Raye l'intrus dans chaque série.

COUP DE POUCE
Dans chaque série, un des verbes n'est pas au passé simple.

1. voulus – dus – venus – pus – crus – mourus
2. posa – récupéra – criera – erra – alla – arrêta

SCORE .... / 2

★★ 3 Écris les verbes entre parenthèses au passé simple.

Quand l'inspecteur (revenir) ...., il (trouver) .... Maigret campé sur le balcon. Maigret (poser) .... le miroir debout sur la table et, à l'aide de deux chandeliers qu'il (prendre) .... sur la cheminée, il (dresser) .... vis-à-vis la feuille de papier buvard.

D'après Georges Simenon, *Le Chien jaune* © 1931 Georges Simenon Limited, une société du groupe Chorion. Tous droits réservés. © Librairie Générale Française – Le Livre de Poche

SCORE .... / 5

★★ 4 Réécris cette phrase au passé simple en remplaçant « les enfants » par « je ».

Arrivés au grenier, les enfants demeurent saisis d'étonnement, puis bondissent vers une vieille malle. Ils ne parviennent pas à l'ouvrir, si bien qu'ils se mettent à imaginer un trésor caché.

→ Arrivé(e) au grenier, je ....

....

....

SCORE .... / 4

Corrigés p. 7

TOTAL .... / 26

CONJUGAISON

15 L'emploi du passé simple et de l'imparfait

Comment choisir entre le passé simple et l'imparfait ?

Pour éviter toute confusion entre imparfait et passé simple, il faut connaître les formes et la valeur d'emploi de chaque temps.

- **Les formes** : à la différence de celles du passé simple, les terminaisons de l'imparfait sont toujours les mêmes : *-ais, -ais, -ait, -ions, -iez, -aient*. Attention à l'**homophonie**, pour les verbes du 1er groupe, entre la 1re personne du singulier du **passé simple** et celle de l'**imparfait**.

  parler → *je parl**ai*** (passé simple), *je parl**ais*** (imparfait)

- **L'emploi** : dans un récit au passé, le **passé simple** permet de rapporter les actions de premier plan, qui forment la trame de l'histoire ; l'**imparfait**, de décrire les lieux, les personnages, les actions d'arrière-plan.

★ 1 Indique à quel temps sont les verbes en couleur, puis justifie chaque emploi.

1. Olivier salua (....................) Mme Lucien qui frottait (....................) avec son index les gencives de son bébé. • **2.** À l'épicerie, on grillait (....................) du café et toute la rue embaumait (....................).

D'après R. Sabatier, *Les Allumettes suédoises* © avec l'aimable autorisation des Éditions Albin Michel,1969.

1. ....

2. ....

SCORE .... / 8

★ 2 Réécris les phrases au passé, en utilisant le passé simple ou l'imparfait selon le cas.

1. Tandis qu'il l'insulte, elle prend la décision de le quitter.

→ ....

2. Quand je vois la vitrine, je change soudain d'avis.

→ ....

3. Je passe chez eux chaque année de délicieuses vacances.

→ ....

SCORE .... / 5

COUP DE POUCE
Une action qui s'est répétée dans le passé est exprimée à l'imparfait.

★ 3 Conjugue les verbes entre parenthèses au passé simple ou à l'imparfait selon le cas.

Ackroyd vient de recevoir une lettre. Il refuse de la lire devant le narrateur qui hésite un moment avant de le laisser seul.

Ackroyd (être) .... fort entêté ; plus on le (pousser) .... à accomplir un acte, plus il s'y (refuser) .... La main sur la poignée de la porte, j'(hésiter) .... et (regarder) .... en arrière. Je (sortir) .... en hochant la tête et je (fermer) .... la porte derrière moi.

D'après Agatha Christie, *Le Meurtre de Roger Ackroyd*, trad. Miriam Dou-Desportes © Le Masque, 1927.

SCORE .... / 7

COUP DE POUCE
Vérifie que tu as conjugué 4 verbes au passé simple.

Corrigés p. 7

TOTAL .... / 20

CONJUGAISON

16 Les temps composés de l'indicatif

Comment forme-t-on les temps composés de l'indicatif ?

- Un temps composé se forme avec l'**auxiliaire** (*avoir* ou *être*) conjugué à un temps simple et le **participe passé (p.p.)** du verbe.
- Il existe **quatre temps composés à l'indicatif**.

Temps composé	Formation	Exemples
passé composé	auxiliaire au présent + p.p.	*tu as pris ; il est parti*
plus-que-parfait	auxiliaire à l'imparfait + p.p.	*tu avais pris ; il était parti*
futur antérieur	auxiliaire au futur + p.p.	*tu auras pris ; il sera parti*
passé antérieur	auxiliaire au passé simple + p.p.	*tu eus pris ; il fut parti*

- Un temps composé permet de présenter une action comme **accomplie par rapport à un moment de référence**.

*Aussitôt que Mathilde **eut fini** ses devoirs, elle **consulta** les messages sur son téléphone.*
L'action de finir les devoirs est antérieure à celle de consulter les messages.

★ 1 Complète le tableau suivant avec des formes du verbe *connaître* à la 3e personne du singulier et les noms des temps manquants.

Présent	....	Passé composé	....
Imparfait	....	....	....
Futur	....	Futur antérieur	....
....	elle connut	Passé antérieur	....

SCORE ..../ 9

★ 2 Souligne trois verbes conjugués à un temps composé.

Beaucoup plus tard, par le capitaine de Victor lui-même, Félicité connut les circonstances de la fin de son neveu. On l'avait trop saigné à l'hôpital, pour la fièvre jaune. Quatre médecins le tenaient à la fois, il était mort immédiatement.
Félicité ne voulut pas revoir les parents de Victor, pensant qu'ils avaient toujours traité leur fils avec barbarie.

D'après Gustave Flaubert, *Trois contes*, « Un cœur simple », 1877.

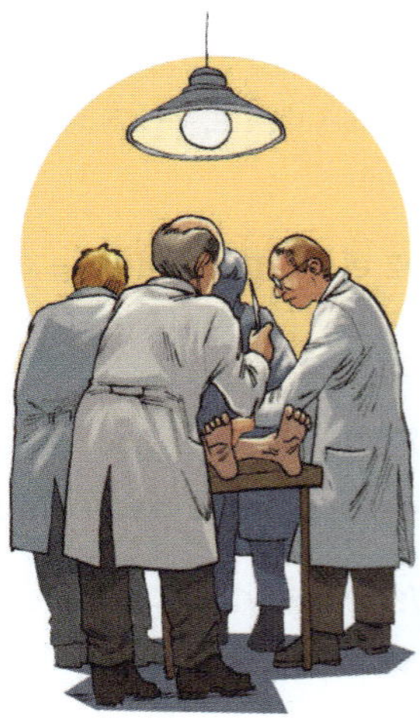

SCORE ..../ 3

★★ 3 Réponds aux questions suivantes.

a. À quel temps sont les verbes que tu as soulignés dans le texte de l'exercice 2 ?

....

b. Comment peux-tu justifier l'emploi de ce temps ?

....

SCORE ..../ 2

COUP DE POUCE
Le temps de base du récit est le passé simple. Demande-toi comment se situent les actions exprimées à un temps composé par rapport à celles exprimées au passé simple.

Corrigés p. 7

TOTAL ..../ 14

CONJUGAISON

17 L'indicatif et le subjonctif présent

Comment un verbe au subjonctif présent se conjugue-t-il ?

- Les terminaisons du subjonctif présent sont : *-e, -es, -e, -ions, -iez, -ent*.
Seuls *être* et *avoir* ont une conjugaison particulière (voir à la fin du cahier).

1 Souligne les verbes au subjonctif présent.

La petite Sophie réclame d'avoir un âne.

Un âne ne se trouve pas comme une baguette, mademoiselle. Il faut que je sache s'il y en a à vendre, que je coure dans tous les environs, pour vous en avoir un bien doux, qui ne rue pas, qui ne morde pas, qui ne soit point entêté, qui ne soit ni trop jeune ni trop vieux.

La Comtesse de Ségur, *Les Malheurs de Sophie*, 1859.

SCORE .... / 6

Qu'est-ce qui différencie le présent de l'indicatif du présent du subjonctif ?

- Aux personnes du singulier et à la 3e personne du pluriel :
  - les verbes du 1er groupe ont des formes identiques ;
  - quatorze verbes (et leurs dérivés) ont des **formes homophones** mais présentent des **orthographes différentes**, ce qui est source d'erreur. Retiens les six plus courants.

	courir	croire	fuir	mourir	rire	voir
Indicatif présent	je cours tu cours il court ils courent	je crois tu crois il croit ils croient	je fuis tu fuis il fuit ils fuient	je meurs tu meurs il meurt ils meurent	je ris tu ris il rit ils rient	je vois tu vois il voit ils voient
Subjonctif présent	que je coure que tu coures qu'il coure qu'ils courent	que je croie que tu croies qu'il croie qu'ils croient	que je fuie que tu fuies qu'il fuie qu'ils fuient	que je meure que tu meures qu'il meure qu'ils meurent	que je rie que tu ries qu'il rie qu'ils rient	que je voie que tu voies qu'il voie qu'ils voient

2 Coche la bonne orthographe.

1. Chaque fois qu'il ❑ voie ❑ voit ce paysage, il s'extasie.
2. Bien qu'il ❑ sourie ❑ sourit, il souffre beaucoup.
3. Juliette prend un air sérieux pour qu'on la ❑ croie ❑ croit.

SCORE .... / 3

3 Complète avec les verbes : disparaissaient – cherche – survive – invente – prenne.

Il est important que l'homme .... conscience de la destruction progressive de son environnement et qu'il .... des solutions. Selon Einstein, si les abeilles .... un jour, l'homme n'aurait plus que quatre années à vivre. Pour que l'humanité .... encore durant des millénaires, il faut qu'elle .... des remèdes durables.

SCORE .... / 5

INFO

Après *pour que* et *il faut que*, on emploie le subjonctif.
Mais *après que*, en revanche, est toujours suivi de l'indicatif.

Corrigés p. 8

TOTAL .... / 14

CONJUGAISON

18 Les autres temps du subjonctif

Quels sont les différents temps du mode subjonctif ?

- Le mode subjonctif comprend deux temps simples : le **présent** et l'**imparfait**, et deux temps composés : le **passé** et le **plus-que-parfait**.
- L'**imparfait** du subjonctif est de moins en moins employé. On ne le rencontre qu'à l'écrit, et surtout à la 3e personne.
  - *parler* (1er groupe) : *qu'il parl**ât**, qu'ils parl**assent***
  - *finir* (2e groupe) : *qu'il fin**ît**, qu'ils fin**issent***
  - *courir* (3e groupe) : *qu'il cour**ût**, qu'ils cour**ussent***
  - *avoir* : *qu'il e**ût**, qu'ils e**ussent***
  - *être* : *qu'il f**ût**, qu'ils f**ussent***
- Les **temps composés** du subjonctif se forment avec l'auxiliaire conjugué à un temps simple du subjonctif et le participe passé du verbe :
  - subjonctif passé : *que j'aie parlé, que tu aies fini, qu'il ait été… ; que je sois allé…*
  - subjonctif plus-que-parfait : *qu'il eût fini, qu'ils eussent fini… ; qu'il fût allé…*

★ **1 Complète le tableau en conjuguant les verbes au subjonctif.**

Verbes	Présent	Imparfait	Passé
obéir	que tu	qu'il	que tu ....
être	que vous	qu'ils	que vous ....
avoir	qu'ils	qu'il	qu'ils ....

SCORE ..../ 9

ATTENTION N'oublie pas l'accent circonflexe à la 3e personne du singulier de l'imparfait du subjonctif.

★ **2 Souligne tous les verbes au subjonctif.**

Un voyageur persan séjournant à Paris fait part de ses premières impressions.

Nous sommes à Paris depuis un mois, et nous avons toujours été dans un mouvement continuel. Il faut bien des affaires avant qu'on soit logé, qu'on ait trouvé les gens à qui on est adressé et qu'on se soit pourvu des choses nécessaires, qui manquent toutes à la fois. Ne crois pas que je puisse, quant à présent, te parler à fond des mœurs et des coutumes européennes : je n'en ai moi-même qu'une légère idée, et je n'ai eu à peine que le temps de m'étonner.

Montesquieu, *Lettres persanes*, 1721.

SCORE ..../ 4

★ **3 Classe les verbes soulignés dans l'exercice 2. Complète les formes manquantes.**

Présent	Imparfait	Passé	Plus-que-parfait
....	....	....	qu'on eût été logé
....	....	....	....
....	qu'on se pourvût	....	....
....	que je pusse	....	....

SCORE ..../ 13

INFO *Se pourvoir de* signifie *se munir de* et se conjugue comme voir.

Corrigés p. 8

TOTAL ..../ 26

CONJUGAISON

19 Les emplois du subjonctif

Quand faut-il employer le subjonctif ?

- **Dans une proposition indépendante ou principale**, pour exprimer le souhait ou le regret [*Pourvu qu'elle (ne)* ***vienne*** *(pas)*], l'ordre ou la défense [*Qu'il (ne)* ***vienne*** *(pas) ici !*], l'indignation [*Moi, que l'on me* ***traite*** *ainsi !*].
- **Dans une proposition subordonnée :**
  - **complétive**, après un verbe exprimant la volonté, le doute, un sentiment ;
    Je veux que tu ***viennes****.*
  - **relative**, pour exprimer un fait hypothétique, virtuel.
    Je cherche un appartement qui ***ait*** *vue sur la mer.*
- **Après certaines conjonctions de subordination** introduisant une proposition subordonnée **circonstancielle** : *avant que, en attendant que, jusqu'à ce que, bien que, quoique, afin que, pour que, à condition que, pourvu que, à moins que…*
  Bien que le soleil ***soit levé****, il fait encore sombre.*

★ 1 Souligne dans ce texte les verbes au subjonctif.

Ce matin-là, craignant que le réveil me jouât un mauvais tour, j'avais demandé à ma mère de venir me trouver au moment où elle partirait. Il fallait absolument que je sois à l'heure à la gare, et que je ne rate pas le train. C'était le jour de mon dernier examen… Le téléphone sonna, avant que l'alarme se fût déclenchée. Je me précipitai hors du lit. C'était ma mère qui s'assurait que tout était en ordre et que j'étais prêt à partir ! Je filai à la gare, redoutant que le moindre retard mît fin à mes espoirs de réussite.

ATTENTION
Un des verbes au subjonctif ressemble à un verbe à l'indicatif.

SCORE ……… / 5

★★ 2 Mets le verbe entre parenthèses au mode et au temps qui conviennent.

1. Le chef ordonne que les troupes (faire) ………………… demi-tour.
2. J'ai très peur que tu me (croire) ………………… coupable.
3. Si elle veut partir avec nous, qu'elle (être) ………………… à l'heure !
4. Bien qu'il (faire) ………………… de bonnes études, il n'occupe pas l'emploi dont il rêvait.

COUP DE POUCE
Tous les verbes sont au même mode mais ils ne sont pas tous au même temps.

SCORE ……… / 4

★★ 3 Remplace *elle dit* par *elle souhaite*. Quelles transformations interviennent ?

1. Elle dit que tu as de la chance.
→ Elle souhaite ………………………………………………………………………

2. Elle dit que tu pars très tôt le matin.
→ Elle souhaite ………………………………………………………………………

SCORE ……… / 2

Corrigés p. 8

TOTAL ……… / 11

CONJUGAISON

20 Indicatif futur et conditionnel présent

Pourquoi peut-on confondre l'indicatif futur et le conditionnel présent ?

- Les formes de l'indicatif futur et celles du conditionnel présent ont en commun un **radical terminé par la consonne *-r*** mais diffèrent par leurs terminaisons. Il faut se méfier, en particulier, des **formes homophones à la 1re personne du singulier**.

- **Indicatif futur** : *-ai, -as, -a, -ons, -ez, -ont*.
  *je prend**rai**, tu prend**ras**, il prend**ra**, nous prend**rons**, vous prend**rez**, ils prend**ront***

- **Conditionnel présent** : *-ais, -ais, -ait, -ions, -iez, -aient*.
  *je prend**rais**, tu prend**rais**, il prend**rait**, nous prend**rions**, vous prend**riez**, ils prend**raient***

★ 1 Coche la bonne orthographe.

1. S'il essaie de prendre mon sac, je ❏ crierai ❏ crierais le plus fort possible.
2. Je lui avais promis que je lui ❏ enverrai ❏ enverrais de l'argent.
3. Si je n'étais pas malade, je ❏ pourrai ❏ pourrais te rejoindre vite.
4. « Demain, dès l'aube, à l'heure où blanchit la campagne, je ❏ partirai ❏ partirais. » (Hugo)

SCORE ..../ 4

Quand emploie-t-on ces temps ?

- L'**indicatif futur** évoque une action à venir par rapport à un moment du présent.
  *J'espère que tu **viendras**.*
  tu viendras (indicatif futur) évoque une action à venir par rapport au présent *j'espère*.

- Le **conditionnel présent** exprime l'hypothèse ou une action à venir par rapport à un moment du passé.
  *J'espérais que tu **viendrais**.*
  tu viendrais (conditionnel présent) évoque une action à venir par rapport au passé *j'espérais*.

★ 2 Réécris en remplaçant « Il dit » : par « Il disait que ».

1. Il dit : « Je l'aiderai. » → ....
2. Il dit : « Il fera beau tout l'été. » → ....
3. Il dit : « Nous partirons plus tard. » → ....

SCORE ..../ 3

★ 3 Complète en conjuguant les verbes à l'indicatif futur ou au conditionnel présent.

Ah ! que je n'(aimer) .... pas que quelqu'un lise mon journal. J'ai numéroté les pages. Je me demande ce que j'(avoir) .... à la page 100. À partir de février, je dois aller au lycée clandestin. Mais ne pense pas, mon cher journal, que je t'(abandonner) .... pour autant ! Je n'(avoir) .... jamais de plus grand ami que toi.

D'après Wanda Przybylska, *Journal de Wanda* (1942-1944), trad. Zofia Bobowicz © Éditions DDB, 1981.

SCORE ..../ 4

COUP DE POUCE
Mets le verbe à la 2e personne du singulier pour distinguer les formes homophones.

Corrigés p. 9

TOTAL ..../ 11

21 Les emplois du conditionnel

Quelles sont les différentes valeurs du conditionnel ?

- Quand il a une valeur de **mode**, le conditionnel sert à exprimer :
  - une **action soumise à une condition** (qui n'est pas toujours exprimée) ;

    [Si je pouvais], je ***prendrais*** *volontiers quelques jours de vacances.*
    *[Si j'avais pu], j'****aurais pris*** *volontiers quelques jours de vacances.*
  - une **supposition** ;

    Mon rêve ***deviendrait****-il enfin réalité ?*
  - une **demande atténuée**.

    Pourriez*-vous fermer la fenêtre ?*
    ≠ *Peux-tu fermer la fenêtre ?* (demande plus abrupte)
- Quand il a une valeur de **temps**, il sert à évoquer le **futur dans le passé**.

  Il ne savait pas si son père ***reviendrait*** *de la guerre.*

★ 1 Complète cette phrase en mettant les verbes au conditionnel présent.

Je (veux) .... revenir
Près d'elle à l'improviste une nuit où le songe
Peut-être (insinue) .... que je ne (suis) .... plus.

André Verdet, « Tu me disais », *Les Jours, les Nuits et puis l'Aurore, F.N.D.I.R.P.*, 1949. © Luciano Melis.

SCORE ..../ 3

★ 2 Mets le verbe entre parenthèses au temps du conditionnel qui convient.

1. Le malade disait que le lendemain il (aller) .... mieux.
2. S'il s'était rétabli, il (partir) .... en vacances.

SCORE ..../ 2

★★ 3 Utilise le conditionnel pour donner aux phrases suivantes la valeur demandée.

1. Je souhaite vous rencontrer au cours d'un entretien. (atténuation du propos)

→ ....

2. Si tu me fais signe, je viens te voir. (hypothèse non réalisée dans le passé)

→ Si tu m'avais fais signe, ...

3. Ce diplôme ouvre toutes les portes. (supposition)

→ ....

SCORE ..../ 3

COUP DE POUCE
Un des verbes est au conditionnel passé.

★★ 4 Indique la valeur du conditionnel pour chaque verbe en couleur.

1. Pourriez-vous m'indiquer la poste la plus proche ? → ....
2. J'aimerais être sur un bateau. → ....
3. Je ne pensais pas que tu viendrais me rejoindre → ....

SCORE ..../ 2

Corrigés p. 9

TOTAL ..../ 11

CONJUGAISON

22 La concordance des temps

Que signifie « appliquer la concordance des temps » ?

- Appliquer la concordance des temps consiste à respecter certaines règles d'emploi des temps dans les **phrases complexes**.

Verbe de la principale	Verbe de la subordonnée
présent ou futur de l'indicatif (*je dis, je dirai…*)	action simultanée : ind. présent (*que tu viens*)
	action postérieure : ind. futur (*que tu viendras*)
	action antérieure : ind. passé composé ou imparfait (*que tu es venu, que tu venais*)
passé de l'indicatif (*je disais, j'ai dit…*)	action simultanée : ind. imparfait (*que tu venais*)
	action postérieure : conditionnel présent (*que tu viendrais*)
	action antérieure : ind. plus-que-parfait (*que tu étais venu*)

1 **Lis le texte, souligne les verbes à l'indicatif présent, puis réponds aux questions.**

> Je forme une entreprise qui n'eut jamais d'exemple et dont l'exécution n'aura point d'imitateur. Je sens mon cœur et je connais les hommes.
> Je ne suis fait comme aucun de ceux que j'ai vus ; j'ose croire n'être fait comme aucun de ceux qui existent. Si je ne vaux pas mieux, au moins je suis autre.

D'après Jean-Jacques Rousseau, *Les Confessions*, 1782-1789.

COUP DE POUCE : Tu dois trouver huit verbes à l'indicatif présent.

1. Relève une subordonnée dont l'action a lieu en même temps que celle de la principale.

....

À quel temps est son verbe ? ....

ATTENTION : Tu peux citer deux subordonnées pour les questions 1 et 3.

2. Relève une proposition subordonnée dont l'action est postérieure à celle de la principale.

....

À quel temps est son verbe ? ....

3. Relève une proposition subordonnée dont l'action est antérieure à celle de la principale.

....

À quel temps est son verbe ? ....

4. Réécris la première phrase en commençant par *Je formais*.

....

....

COUP DE POUCE : Tu dois employer le plus-que-parfait et le conditionnel passé.

SCORE .... / 12

2 **Écris les verbes entre parenthèses à la forme qui convient.**

1. Je sortirai la voiture quand tu (ouvrir) .... la porte du garage.

2. Quand il (s'ennuyer) ...., il cuisinait.

3. Louise pensait que, lorsqu'il paraîtrait, son livre n'(avoir) .... aucun succès.

SCORE .... / 3

Cas des subordonnées au subjonctif

Verbe de la principale	Verbe de la subordonnée au subjonctif
présent ou futur de l'indicatif (*il faut...*)	action simultanée ou postérieure : présent (*que tu viennes*)
	action antérieure : passé (*que tu sois venu*)
passé de l'indicatif (*il fallait...*)	action simultanée ou postérieure : imparfait (*que tu vinsses*)
	action antérieure : plus-que-parfait (*que tu fusses venu*)

- Verbe de la principale au **présent** : quand l'action exprimée dans la subordonnée est postérieure à celle exprimée dans la principale, le choix du temps dépend du sens.
  *Je souhaite qu'il **finisse** demain. = Je souhaite qu'il soit en train de finir demain.*
  *Je souhaite qu'il **ait fini** demain. = Je souhaite qu'il ait déjà fini demain.*
- Verbe de la principale au **passé** : dans le langage courant, le subjonctif imparfait est souvent remplacé par le subjonctif présent.
  *Il fallait que tu **prisses** ton temps pour réussir.*
  *→ Il fallait que tu **prennes** ton temps pour réussir.*

★ 3 Coche la forme verbale qui convient.

1. Bien qu'il ❑ coure ❑ courût vite, il n'était pas le meilleur.
2. Il faut de la lumière, pour que nous ❑ voyons ❑ voyions clair.
3. Il fallait qu'il ❑ aima ❑ aimât assez les bêtes pour devenir vétérinaire.
4. Il est nécessaire que le livre ❑ paraît ❑ paraisse en janvier.

SCORE ..../ 4

★ 4 Lis le texte et mets les verbes entre parenthèses aux temps et modes qui conviennent.

– Hansel, tends tes doigts, que je (voir) .... si tu es déjà assez gras.
Mais Hansel tendait un petit os et la sorcière, qui avait de mauvais yeux, ne s'en rendait pas compte. Elle croyait que c'était vraiment le doigt de Hansel et s'étonnait qu'il n'(engraisser) .... point.

Hansel et Gretel, Les frères Grimm, 1812.

SCORE ..../ 2

★★ 5 Mets les verbes entre parenthèses à la forme qui convient en respectant les règles de concordance des temps.

À travers les fenêtres, il vit que la pluie (cesser) .... depuis un moment. Il fallait maintenant qu'il (sortir) .... s'il ne (vouloir) .... pas rater son train. Bien qu'il (hésiter) .... encore un peu, il se dirigea vers la porte et l'ouvrit. Quelle ne fut pas sa surprise quand il (apercevoir) .... sur son paillasson un panier contenant un chiot endormi ! Il souleva délicatement le colis pour que l'animal ne (se réveiller) .... pas. Il se mit à le contempler, oubliant l'heure qui (passer) .... et le train à prendre !

SCORE ..../ 7

COUP DE POUCE
Dans ce récit au passé, tu es amené à utiliser trois verbes au subjonctif imparfait.

Corrigés p. 9

TOTAL ..../ 28

ORTHOGRAPHE

23 L'accord de l'adjectif qualificatif : cas difficiles

Quels adjectifs qualificatifs sont invariables ?

- **Les adjectifs de couleur :**
  – dérivés d'un nom : *orange, marron, bordeaux, cerise*… ;
  Mais : *mauve, fauve, rose, pourpre, écarlate* s'accordent.
  – formés de deux mots : *ses yeux **vert amande*** ; *les chaussures **gris clair***.
- **Les adjectifs *bon*, *cher*, *court*, *droit*, *dur*, *fort*, *haut*… utilisés comme adverbes** après certains verbes. *Ces vestes coûtent **cher**. Elles parlent **fort**.*
  Mais : *Ces vestes sont **chères**. Leurs voix sont **fortes**.*
- **Les adjectifs mi, *demi*, *semi* et *nu* placés à gauche d'un nom ou d'un adjectif** et reliés par un trait d'union. *Tu mets tes **nu**-pieds. Tu restes une **demi**-heure.*
  Mais : *Tu as les pieds **nus**. Viens dans une heure et **demie**.*

★ 1 Complète les phrases avec les adjectifs suivants en faisant les accords nécessaires :
orange – kaki – bleu, blanc, rouge – pourpre – vert olive.

1. Il a mélangé du rouge et du jaune pour peindre des fruits ....

2. Les vêtements des soldats sont .... et non ....

3. Les sénateurs romains portaient des bandes .... au bas de leurs toges blanches.

4. Des drapeaux français .... flottent sur l'ambassade.

SCORE .... / 5

INFO
L'ensemble *bleu, blanc, rouge* reste invariable car les trois couleurs sont considérées comme formant un tout. De la même façon, on écrit *des drapeaux noir et blanc*.

★ 2 Coche la bonne orthographe.

1. Ils avaient les bras ❑ nu ❑ nus malgré le froid.
2. Ils sont restés ❑ droit ❑ droits pendant l'appel.
3. Ils étaient à ❑ demi- ❑ demis-nus dans la neige et le vent glacial.

SCORE .... / 3

★ 3 Lis le texte et accorde, si nécessaire, les adjectifs en couleur.

COUP DE POUCE
Tous les mots sont invariables sauf un.

Robert, déporté en camp de concentration, raconte l'une des brimades gratuites que les SS faisaient subir aux prisonniers : le faire se lever sans raison en pleine nuit.

— Il est deux heures et demi.........., souffle Robert qui a eu le temps de vérifier l'heure. Le commandant arrive, ne bougez plus, tenez bon.......... .

On l'aperçoit au loin, la casquette vert.......... foncé.......... à tête de mort vissée sur le crâne. Il est vêtu d'un épais manteau et porte des bottes marron.......... .

— Je voulais seulement vous souhaiter une bonne nuit.

— Il est trois heures trente, crie le kapo. Vous avez encore une demi..........-heure de sommeil.

D'après Jean-Pierre Vittori, *Les Sabots : 1944-1945* © Nathan, 2003.

SCORE .... / 6

Corrigés p. 10

TOTAL .... / 14

ORTHOGRAPHE

24 Participe présent et adjectif verbal

Quelle est la différence entre un participe présent et un adjectif verbal ?

- Le **participe présent** est une forme en *-ant* qui a la valeur d'un verbe et qui est **invariable**.

  ***Obéissant** à leurs parents, les enfants éteignirent l'ordinateur.* → *Obéissant* est un participe présent : il exprime une action et est suivi d'un COI, *à leurs parents*.

- L'**adjectif verbal** se termine également par *-ant*, mais fonctionne comme un adjectif : il s'accorde en genre et en nombre avec le nom auquel il se rapporte.

  *Ces enfants sont vraiment très **obéissants**.* → *Obéissants* est un adjectif verbal : il décrit un état et est attribut du sujet *les enfants*.

★ 1 Dans les citations suivantes, observe les mots en couleur : souligne les adjectifs verbaux et encadre les participes présents.

COUP DE POUCE
Deux des mots en couleur sont des adjectifs verbaux.

1. « Il faut écrire des choses très folles en ayant des vies très rangées. » (Gustave Flaubert)

2. « L'amour plaît plus que le mariage, pour la raison que les romans sont plus amusants que l'histoire. » (Nicolas de Chamfort)

3. « La valse est une danse répétitive et agaçante, monotone lorsqu'on n'a pas le droit de changer de partenaire. » (Jessica Nelson)

4. « Moi ça me plaît de jouer avec rien, comme quand j'étais môme et que je m'imaginais combattant des dragons. » (Omar Sy)

SCORE ..../ 4

★ 2 Complète les mots en couleur.

1. Les jeunes enfants sont fatig.............. • **2.** Elles partirent confi..............

• **3.** Ne parven.............. pas à comprendre, je demandai des explications.

SCORE ..../ 3

Participe présent et adjectif verbal ont-ils toujours la même orthographe ?

Certains adjectifs verbaux ont une orthographe irrégulière.

- Les verbes en ***-quer*** et ***-guer*** ont leur participe présent en ***-quant*** et ***-guant*** et leur adjectif verbal en ***-cant*** et ***-gant*** : *fati**guant*** (p. prés.), *fati**gant*** (adj. verbal) ; *communi**quant*** (p. prés.), *communi**cant*** (adj. verbal).

- Certains verbes ont leur participe présent en ***-ant*** et leur adjectif verbal en ***-ent*** : *excell**ant*** (p. prés.), *excell**ent*** (adj. verbal) ; *différ**ant*** (p. prés.), *différ**ent*** (adj. verbal).

★★ 3 Raye l'intrus dans chaque série.

1. suffocant – provoquant – communiquant – zigzaguant

2. concluant – confiant – remuant – abritant – brillant

SCORE ..../ 2

Corrigés p. 10

TOTAL ..../ 9

ORTHOGRAPHE

25 L'accord du verbe avec son sujet : cas difficiles

Comment accorder le verbe quand le sujet est du type « *toi et moi* » ?

- La 1re personne l'emporte sur la 2e et la 3e.
  → 2e pers. + 1re pers. = verbe à la 1re pers. du pluriel. *Toi et moi* ***sommes*** *de bons amis.*
  → 3e pers. + 1re pers. = verbe à la 1re pers. du pluriel. *Sonia et moi* ***jouons*** *au tennis.*
- La 2e personne l'emporte sur la 3e.
  → 3e pers. + 2e pers. = verbe à la 2e pers. du pluriel. *Sonia et toi* ***jouez*** *au tennis.*

★ 1 Complète avec le pronom personnel singulier qui convient.

1. Marc, Éric et .... partirez demain. • **2.** Ton frère et .... partirons bientôt en tandem. • **3.** Toi et .... observez les oiseaux.

SCORE ..../ 3

Comment accorder le verbe avec le sujet *qui* ?

- Si le **sujet** est un **pronom relatif**, le verbe se met à la même personne que l'antécédent.
  C'est toi qui ***es*** *en retard.* → *es* s'accorde avec son sujet *qui*, pronom relatif remplaçant *toi* = 2e personne du singulier.

★ 2 Choisis la forme qui convient.

1. Tu es le seul qui ne ❑ dises ❑ dise pas bonjour en arrivant. • **2.** Passe par l'une des routes qui ❑ mène ❑ mènent à Rome ! • **3.** Tes amis et toi ❑ formez ❑ forment une bonne équipe. • **4.** C'est Karine et moi qui ❑ sommes ❑ sont les premiers.

SCORE ..../ 4

★★ 3 Souligne l'antécédent de chaque pronom relatif en couleur, puis mets les verbes entre parenthèses à l'imparfait.

Durant la Seconde Guerre mondiale, le narrateur et son ami font exploser un poste de commande, ignorant qu'un vieux cheminot s'y trouve. Pour sauver les résistants, la femme du cheminot accuse son mari mourant de l'attentat.

> Des belles femmes qui (*faire*) .... pousser des cornes à leur mari, les SS en voyaient tous les jours, mais une qui (*vouloir*) .... s'en débarrasser en le faisant exécuter pour terrorisme, ils demandaient à voir de près. L'homme, sur son lit de mort, a confirmé, il était le seul responsable. Les *schleus* l'ont fusillé avec ses pansements qui (*voler*) .... sous les balles. C'est nous qui l'(*avoir*) .... tué, cet homme, et c'est lui qui nous (*sauver*) .... la vie.

D'après Michel Quint, *Effroyables jardins*, Première édition 2000 Éditions Joëlle Losfeld, © Gallimard, 2003.

SCORE ..../ 10

INFO
Le mot *schleus* était utilisé, avec un sens péjoratif, pour désigner les Allemands.

Corrigés p. 10

TOTAL ..../ 17

Chouette

3e

14-15 ANS

Le guide Français

Les corrigés des exercices
Tous les corrigés détaillés, avec des explications complémentaires

Des infos parents
Au centre du livret, des informations sur le programme et des conseils pour aider votre enfant dans son travail

Hatier

TEST (pages 4 et 5)

GRAMMAIRE

1. Je suis déçue. Sa performance n'a pas été jugée satisfaisante.
2. L'adjectif *réussi* est attribut du COD.
3. Le nom *château* est complété par trois expansions : l'apposition *Palais-musée*, l'épithète *beau* et le complément du nom *de Fontainebleau*.
4. Les deux propositions sont unies par un lien de coordination.
5. Il s'agit d'une subordonnée conjonctive COD.
6. La subordonnée exprime la cause.
7. La conjonction *afin que* n'exprime pas l'opposition.

CONJUGAISON

8. peindre : il peint, je peignis – résoudre : il résout, je résolus
9. Il faut mettre le verbe au passé simple : décidai (action délimitée dans le passé).
10. croie (subjonctif présent)
11. sentît (subjonctif imparfait)
12. viendrais (conditionnel présent)
13. Pourrais-tu fermer la fenêtre ?

ORTHOGRAPHE

14. des stylos mauves – des chemises orange – des fleurs rose pâle
15. *Fatigant* est un adjectif verbal ; les autres mots (dont *fatiguant*) sont des participes présents.
16. êtes (*Julie et toi* = *vous*)
17. donnés – prévues
18. écrites – lavé
19. tout – tout
20. quel que

LECTURE ET EXPRESSION ÉCRITE

21. paronymes
22. un oxymore – une comparaison – une métaphore
23. Il disait qu'il était arrivé hier et qu'il repartirait demain.
24. En effet le conférencier était confus. Par ailleurs (ou En plus / En outre) il parlait trop vite.
25. C'est un texte qui permet à son auteur de convaincre le lecteur que son avis est juste.

1 Le sujet et l'attribut du sujet

1 1. « Je ne leur révélerai jamais l'emplacement du trésor », s'exclame Barbe-Rousse.
2. Tu me fatigues avec tes questions !
3. Chaque été, mon père et moi pratiquions la pêche aux coquillages en bord de mer.
4. Beaucoup espéraient participer à cette course prestigieuse. Peu réalisèrent leur rêve.
5. Le basson ainsi que le hautbois appartiennent à la famille des instruments à vent.

2 et **3** L'ornithorynque est un mammifère de l'est de l'Australie, qui vit dans les rivières et les cours d'eau. Bien qu'il ait été chassé pour sa fourrure jusqu'au début du XXe siècle, l'espèce n'est pas considérée comme menacée. Du fait de ses caractéristiques, cet animal excite la curiosité des scientifiques : seul mammifère qui pond des œufs, l'ornithorynque a un bec de canard, une queue de castor et des pattes de loutre. Le mâle est par ailleurs venimeux : il porte sur ses pattes arrière un aiguillon qui libère du venin.
Quand le premier spécimen a été découvert en 1798, son apparence semblait si extraordinaire que les savants britanniques crurent à un canular.

EXPLICATION
Un attribut du sujet peut être un GN (*un mammifère de l'est de l'Australie*) ou un adjectif (*menacée, venimeux, extraordinaire*). Le verbe qui l'introduit est le verbe être ou un verbe que l'on peut remplacer par le verbe être (*est considérée, semblait*).

2 L'attribut du COD

1

	COD	Attribut du sujet	Attribut du COD
J'ai trouvé *ce livre* génial !			x
Les élèves ont élu *Lola* déléguée de classe.	x		
Clara juge ses sœurs *trop petites* pour partir.			x
Elle estime qu'elles sont *trop jeunes* pour participer.		x	
Ils ont appelé *leur chat* Hercule.	x		

2 Les enseignants de ce collège conseillent les élèves sur leur orientation en tenant compte de leurs capacités. Ils considèrent chacun comme apte à poursuivre des études longues. Parce qu'ils jugent primordiale la découverte des métiers, ils organisent des stages tout au long de la scolarité.

3 1. Nous avons tous trouvé les exercices faciles.
2. Je crois Magali très douée sur le plan artistique.
3. Ils estiment ces mesures nécessaires.
4. Je ne les pense pas capables de commettre un vol.

3 Complément d'objet et complément circonstanciel

1

Verbes	Compléments d'objet	Compléments circonstanciels
organise	des négociations entre patronat et syndicats	Dans un contexte de grève générale
prévoient	l'extension des conventions collectives et des augmentations de salaires	–
saluent	ces avancées sociales	avec enthousiasme

EXPLICATION
Dans la troisième phrase, le verbe au passif est suivi d'un complément d'agent et non d'un CC.

2 1. J'ai perdu mes clés (COD) et j'ai dû m'adresser au voisin (COI) qui possède un double (COD).
2. Je souhaiterais renouveler mon passeport (COD). Quels documents (COD) dois-je fournir ? Je vous remercie par avance pour votre réponse (COI).

3 1. Depuis quelques années (temps), nous habitons près de la forêt (lieu).
2. Malgré le froid (opposition), David est allé au cinéma à vélo (moyen).
3. Si tu veux être à l'heure (condition), il faut se donner rendez-vous à 17 heures (temps).

4 Les expansions du nom

1 Chaque année a lieu la *fête* municipale de Livry-Gargan.
épithète compl. du nom
Tout le monde s'y prépare longtemps à l'avance : les parents, les enfants et surtout les *commères* du quartier,
compl. du nom
parce qu'à la kermesse, tu refais ta *réserve* de ragots.
compl. du nom
Il y a des *groupes* de musique qui défilent.
compl. du nom prop. sub. relative
Des *jeunes* de la cité viennent rapper.
compl. du nom
Il y a même des *filles* qui chantent avec eux.
prop. sub. relative

2 1. Au royaume des aveugles, les borgnes sont rois.
→ GN, complément du nom *royaume*.
2. Après la pluie, le beau temps.
→ Adjectif qualificatif, épithète du nom *temps*.
3. Pierre qui roule n'amasse pas mousse.
→ Proposition subordonnée relative, complément de l'antécédent *pierre*.

EXPLICATION
Le nom complété par une proposition subordonnée relative est appelé antécédent (du pronom relatif).

5 Les formes de phrase

1 1. *Tout le monde* est d'accord sur ce point.
Personne n'est d'accord sur ce point.
2. J'ai appris *quelque chose* d'intéressant.
Je n'ai rien appris d'intéressant.
3. Elle veut *encore* poursuivre les recherches.
Elle ne veut plus poursuivre les recherches.
4. Il veut *toujours* prendre la parole.
Il ne veut jamais prendre la parole.

2 1. Amélie ne s'occupe jamais de ses petits frères.
négative et neutre
2. Voilà qu'il pleut à nouveau !
affirmative et emphatique
3. Je ne devine pas ses pensées.
négative et neutre
4. Je partirai de bonne heure pour éviter la foule.
affirmative et neutre
5. Ce n'est pas lui que j'ai vu l'autre jour.
négative et emphatique

EXPLICATION
Les quatre combinaisons possibles sont représentées dans cet exercice.

3 **1.** C'est bien elle que tu as vue partir.
Tu l'as vue partir.
2. Vraiment, moi, ton histoire, je n'y crois pas un seul instant ! Je ne crois pas un seul instant à ton histoire.
3. C'est bien avant que tout a commencé.
Tout a commencé bien avant.
4. Est-ce que c'est vous qui m'avez téléphoné ?
M'avez-vous téléphoné ?
(ou : Est-ce que vous m'avez téléphoné ?)

4 **1.** Je suis l'aîné de la fratrie.
C'est moi qui suis l'aîné de la fratrie.
2. Ce footballeur est un futur champion.
C'est ce footballeur qui est un futur champion.
3. L'éruption du Vésuve a détruit Pompéi.
C'est l'éruption du Vésuve qui a détruit Pompéi.
4. Cet acteur a joué dans des films et des séries américaines. C'est cet acteur qui a joué dans des films et des séries américaines.

5

	Déplacement d'un CC en tête de phrase	Utilisation d'un présentatif
C'est toi qui remplaces ton frère.		x
Dans les champs paissent des vaches.	x	
Par habitude, l'enfant traverse sans regarder.	x	
C'est une histoire que tu m'as déjà racontée.		x
Du haut des gradins, je vois tout le stade.	x	

6 **1.** Le lycée organise un voyage en Espagne chaque année. Chaque année, un voyage en Espagne est organisé par le lycée.
2. Un archéologue a récemment retrouvé de rares manuscrits antiques. De rares manuscrits antiques ont récemment été retrouvés par un archéologue.
3. Le gouvernement annoncera prochainement une série de réformes. Une série de réformes sera prochainement annoncée par le gouvernement.

6 La structure d'une phrase complexe

1 Le service d'Igor Beshevich commençait à six heures et l'encombrement des rues du quartier Mlanecsz l'avait déjà bien trop retardé *(a)*. La foule lambinait comme un gros serpent le long des boutiques d'écriture et de bougies ; chacun essayait tant bien que mal d'éviter les mares formées par la neige fondante dans le ruisseau *(b)*. Les femmes surtout étaient les plus lentes à force de relever leurs jupons pour qu'ils ne soient pas crottés *(c)*.

Phrase du texte	Nombre de verbes conjugués	Mot ou signe reliant les propositions	Juxtaposition, coordination, ou subordination ?
(a)	2	et	coordination
(b)	2	;	juxtaposition
(c)	2	pour qu'	subordination

EXPLICATION
Les verbes à l'infinitif *éviter* (b) et *relever* (c) ne sont pas noyaux des propositions.

2 **1.** Je me lève. Il est déjà 9 heures.
→ *(subordination)* Je me lève parce qu'il est déjà 9 heures. (Ou : Quand je me lève, il est déjà 9 heures)
2. Je souris. Il me rend mon sourire.
→ *(coordination)* Je souris et il me rend mon sourire.
3. Igor est énervé. Tout l'irrite.
→ *(juxtaposition)* Igor est énervé : tout l'irrite.
(Ou : Igor est énervé, tout l'irrite)

7 Les subordonnées (1) : natures

1 Un après-midi, ma mère m'avait demandé si j'aimerais aller à Luna Park. Quand j'y repense aujourd'hui, je crois qu'elle voulait tout simplement que je la laisse seule cet après-midi-là. Elle m'a tendu un grand billet de banque et elle m'a dit : « Va t'amuser à Luna Park. » Quand j'ai acheté le ticket, à l'entrée, le monsieur a paru surpris que je paye avec un aussi gros billet. Il m'a rendu la monnaie et il m'a laissée passer. Une journée d'hiver. On aurait dit qu'il faisait nuit. Ce qui me frappait surtout, c'était le silence.

Pronom relatif	Mot interrogatif	Conjonction de subordination
qui	si	quand (j'y repense) qu'(elle voulait) que (je la laisse) quand (j'ai acheté) que (je paye) qu'(il faisait)

EXPLICATION
Quand *si* suit un verbe impliquant une question, c'est un mot interrogatif introduisant une subordonnée interrogative indirecte (*ma mère m'avait demandé si...*).

2 **1.** Des garçons dont les chaussures étaient trouées me regardaient.
2. Je suis partie en courant parce que j'ai eu peur.
3. Ils m'ont demandé si j'avais peur.
4. J'ai donné les billets qui me restaient.

3 La phrase intruse est la n°2 qui n'est pas une proposition subordonnée interrogative indirecte, mais une subordonnée circonstancielle de condition introduite par *si*.

8 Les subordonnées (2) : fonctions

1 On contait de lui qu'à Corte, où il avait pris femme, il s'était débarrassé fort vigoureusement d'un rival qui passait pour aussi redoutable en guerre qu'en amour : du moins on attribuait à Mateo certain coup de fusil qui surprit ce rival comme il était à se raser devant un petit miroir pendu à sa fenêtre. L'affaire assoupie, Mateo se maria. Sa femme Giuseppa lui avait donné d'abord trois filles (dont il enrageait), et enfin un fils, qu'il nomma Fortunato : c'était l'espoir de sa famille, l'héritier du nom.

EXPLICATION
La proposition subordonnée relative peut être séparée du nom qu'elle complète par une virgule : elle a alors une valeur descriptive.

2 **1.** Subordonnée complétive : qu'à Corte, il s'était débarrassé fort vigoureusement d'un rival (COD de *contait*).
2. Subordonnée circonstancielle : comme il était à se raser devant un petit miroir pendu à sa fenêtre (CC de temps).

3

	COD	CC
1. L'entraîneur se demande si son équipe est à la hauteur.	x	
2. Si un joueur se blesse durant le match, on appelle un remplaçant.		x
3. La finale a été laborieuse quoi qu'en pensent les journalistes sportifs.		x
4. Je pense que ce joueur est le meilleur buteur au monde.	x	
5. Parce que l'équipe a joué « collectif », elle a pu remporter la demi-finale.		x
6. L'équipe de France estime qu'elle peut remporter ce match.	x	

9 L'expression de la cause et de la conséquence

1 « Je vois, lui disait-il, que les malheurs de ma destinée se répandent sur la tienne. Tout m'a tourné jusqu'ici d'une façon bien étrange. J'ai été envoyé au supplice parce que j'avais fait des vers à la louange du roi ; j'ai été sur le point d'être étranglé parce que la reine avait des rubans jaunes ; et me voici esclave avec toi parce qu'un brutal a battu sa maîtresse. Allons, ne perdons point courage ; tout ceci finira peut-être ; il faut bien que les marchands arabes aient des esclaves ; et pourquoi ne le serais-je pas comme un autre, puisque je suis un homme comme un autre ? Ce marchand ne sera pas impitoyable ; il faut qu'il traite bien ses esclaves, s'il en veut tirer des services. »

2 **1.** Le client de l'hôtel est en colère car il y a du désordre dans sa chambre. → cause
2. Le temps était orageux, j'ai donc pris mon parapluie. → conséquence
3. Il a froid, c'est pourquoi il tremble. → conséquence
4. Les rats font peur aux gens, car ils transmettent des maladies. → cause

10 L'expression du but

1 La pose fut ainsi pour elle une torture. La bonne vie à deux avait cessé, comme s'il eût introduit dans la maison une maîtresse. Il la tuait à la pose pour embellir l'autre. Quelle souffrance de prêter sa chair, [pour que l'autre naquît], [pour que le cauchemar de cette rivale les hantât], [fût toujours entre eux] !

2 Voir ci-dessus.

EXPLICATION
Dans la première phrase du texte, le complément *pour elle* n'exprime pas le but.

3 1. → Claude peint beaucoup pour que le tableau progresse.
2. → La jeune femme garde la pose pour que Claude la peigne.

4 1. Claude fait des efforts pour que le tableau soit parfait. → but
2. Le tableau n'est pas assez beau pour que Claude soit satisfait. → conséquence

11 L'expression de l'opposition

1 1. Malgré tous ses efforts, il a perdu.
2. Même si elle ne participe pas à cette compétition, elle s'y intéresse vivement.
3. La maison paraît inoccupée, mais des bruits étranges s'y font entendre.

2 1. → Bien que je sois pressé, je prends mon temps.
2. → La lampe reste éteinte quoiqu'il fasse nuit.
3. → Bien qu'il soit triste au fond de lui, il sourit à ses amis.

3 Et, bien que les meilleurs morceaux ne soient pas faciles à déchirer ni à manger avec une dentition d'herbivore, on peut auparavant les dépecer et les émietter avec des pierres et finir de les mastiquer tant bien que mal avec les molaires.
→ Les meilleurs morceaux ne sont pas faciles à déchirer ni à manger quand on a une dentition d'herbivore, mais on peut auparavant les dépecer et les émietter avec des pierres, et finir de les mastiquer tant bien que mal avec les molaires.

EXPLICATION
La conjonction *bien que* disparaît et le verbe qui était au subjonctif (soient) passe à l'indicatif. On ajoute la conjonction de coordination *mais* qui exprime l'opposition.

12 L'expression de la condition

1 1. En cas de grève, les cours sont suspendus pour la journée. 2. Sans message de ta part d'ici demain, je considèrerai que tu es d'accord. 3. Tu peux nous rejoindre chez Léa, à condition d'y être invité.

2 Sur le penchant de quelque agréable colline bien ombragée, j'aurais une petite maison blanche avec des contrevents verts, si j'étais riche ; et quoique une couverture de chaume soit en toute saison la meilleure, je préférerais magnifiquement, non la triste ardoise, mais la tuile, parce qu'elle a l'air plus propre et plus gai que le chaume. Si quelque fête champêtre rassemblait les habitants du lieu, j'y serais des premiers avec ma troupe ; si quelques mariages se faisaient à mon voisinage, on saurait que j'aime la joie, et j'y serais invité.

3 1. Si je ne reçois pas de contrordre de votre part, je me présenterai à votre bureau demain matin.
2. Dépose un message sur mon répondeur, si cela est nécessaire.
3. Le crédit sera accordé si votre dossier est accepté.

EXPLICATION
• Phrase 1 : d'autres formulations sont possibles : *si je n'ai pas de contrordre de votre part / si vous ne m'adressez pas de contrordre...*
• Phrase 2 : la subordonnée peut être elliptique, c'est-à-dire ne pas comporter de verbe : *si nécessaire...*

13 L'indicatif présent : cas difficiles

1

	partir	craindre	convaincre
1re pers. sing.	je pars	je crains	je convaincs
3e pers. sing.	il part	il craint	il convainc
3e pers. plur.	ils partent	ils craignent	ils convainquent

	permettre
1re pers. sing.	je permets
3e pers. sing.	il permet
3e pers. plur.	ils permettent

2 Éloigné de vos yeux, Madame, par des soins
Impérieux (j'en prends tous les dieux à témoins),
Je languis et je meurs, comme c'est ma coutume
En pareil cas, et vais, le cœur plein d'amertume,
À travers des soucis où votre ombre me suit
Le jour dans mes pensers, dans mes rêves la nuit.

14 Le passé simple

1

	suivre	courir	faire
1re pers. sing.	je suivis	je courus	je fis
3e pers. sing.	il suivit	il courut	il fit
3e pers. plur.	ils suivirent	ils coururent	ils firent

	devoir	finir
1re pers. sing.	je dus	je finis
3e pers. sing.	il dut	il finit
3e pers. plur.	ils durent	ils finirent

2 **1.** voulus – dus – ~~venus~~ – pus – crus – mourus
2. posa – récupéra – ~~criera~~ – erra – alla – arrêta

EXPLICATION
• Dans la première série, *venus* est le participe passé du verbe *venir* au masculin singulier (ex. : *ils sont venus*).
• Dans la seconde série, *criera* est le futur du verbe *crier* à la 3e personne du singulier.

3 Quand l'inspecteur (*revenir*) revint, il (*trouver*) trouva Maigret campé sur le balcon. Maigret (*poser*) posa le miroir debout sur la table et, à l'aide de deux chandeliers qu'il (*prendre*) prit sur la cheminée, il (*dresser*) dressa vis-à-vis la feuille de papier buvard.

4 Arrivé(e) au grenier, je demeurai saisi(e) d'étonnement, puis bondis vers une vieille malle. Je ne parvins pas à l'ouvrir, si bien que je me mis à imaginer un trésor caché.

EXPLICATION
Au passé simple, les terminaisons des personnes du singulier des verbes du 1er groupe (et du verbe *aller*) sont *-ai*, *-as*, *-a*.

15 L'emploi du passé simple et de l'imparfait

1 **1.** Olivier salua (passé simple) Mme Lucien qui frottait (imparfait) avec son index les gencives de son bébé. L'imparfait décrit ce qu'était en train de faire Mme Lucien lorsque Olivier la salua. • **2.** À l'épicerie, on grillait (imparfait) du café et toute la rue embaumait (imparfait). L'imparfait a une valeur descriptive.

2 **1.** Tandis qu'il l'insultait, elle prit la décision de le quitter.
2. Quand je vis la vitrine, je changeai soudain d'avis.
3. Je passais chez eux chaque année de délicieuses vacances.

3 Ackroyd était fort entêté ; plus on le poussait à accomplir un acte, plus il s'y refusait. La main sur la poignée de la porte, j'hésitai et regardai en arrière. Je sortis en hochant la tête et je fermai la porte derrière moi.

EXPLICATION
Le passé simple exprime les actions successives du narrateur qui forment la trame du récit.

16 Les temps composés de l'indicatif

1

Présent	elle connaît
Imparfait	elle connaissait
Futur	elle connaîtra
Passé simple	elle connut
Passé composé	elle a connu
Plus-que-parfait	elle avait connu
Futur antérieur	elle aura connu
Passé antérieur	elle eut connu

EXPLICATION
Quand tu conjugues le verbe *connaître*, n'oublie pas de mettre un accent circonflexe sur le *i* devant le *t* : *il connaît* (présent), mais *il connaissait* (imparfait).

2 Beaucoup plus tard, par le capitaine de Victor lui-même, Félicité connut les circonstances de la fin de son neveu. On l'avait trop saigné à l'hôpital, pour la fièvre jaune. Quatre médecins le tenaient à la fois, il était mort immédiatement.
Félicité ne voulut pas revoir les parents de Victor, pensant qu'ils avaient toujours traité leur fils avec barbarie.

3 **a.** Au plus-que-parfait.
b. Les actions exprimées par ces verbes sont antérieures par rapport aux actions du récit exprimées au passé simple et à l'imparfait.

17 L'indicatif et le subjonctif présent

1 Un âne ne se trouve pas comme une baguette, mademoiselle. Il faut que je sache s'il y en a à vendre, que je coure dans tous les environs, pour vous en avoir un bien doux, qui ne rue pas, qui ne morde pas, qui ne soit point entêté, qui ne soit ni trop jeune ni trop vieux.

2 **1.** Chaque fois qu'il ☒ voit ce paysage, il s'extasie. • **2.** Bien qu'il ☒ sourie, il souffre beaucoup. • **3.** Juliette prend un air sérieux pour qu'on la ☒ croie.

3 Il est important que l'homme prenne conscience de la destruction progressive de son environnement et qu'il cherche des solutions. Selon Einstein, si les abeilles disparaissaient un jour, l'homme n'aurait plus que quatre années à vivre. Pour que l'humanité survive encore durant des millénaires, il faut qu'elle invente des remèdes durables.

18 Les autres temps du subjonctif

1

Verbes	Présent	Imparfait	Passé
obéir	que tu obéisses	qu'il obéît	que tu aies obéi
être	que vous soyez	qu'ils fussent	que vous ayez été
avoir	qu'ils aient	qu'il eût	qu'ils aient eu

2 Nous sommes à Paris depuis un mois, et nous avons toujours été dans un mouvement continuel. Il faut bien des affaires avant qu'on soit logé, qu'on ait trouvé les gens à qui on est adressé et qu'on se soit pourvu des choses nécessaires, qui manquent toutes à la fois.
Ne crois pas que je puisse, quant à présent, te parler à fond des mœurs et des coutumes européennes : je n'en ai moi-même qu'une légère idée, et je n'ai eu à peine que le temps de m'étonner.

EXPLICATION
• *Qu'on soit logé* est un subjonctif présent à la forme passive.
• *Qu'on se soit pourvu* est une forme du subjonctif passé du verbe pronominal *se pourvoir*.

3

Présent	Imparfait	Passé	Plus-que-parfait
qu'on soit logé	qu'on fût logé	qu'on ait été logé	qu'on eût été logé
qu'on trouve	qu'on trouvât	qu'on ait trouvé	qu'on eût trouvé
qu'on se pourvoie	qu'on se pourvût	qu'on se soit pourvu	qu'on se fût pourvu
que je puisse	que je pusse	que j'aie pu	que j'eusse pu

19 Les emplois du subjonctif

1 Ce matin-là, craignant que le réveil me jouât un mauvais tour, j'avais demandé à ma mère de venir me trouver au moment où elle partirait. Il fallait absolument que je sois à l'heure à la gare, et que je ne rate pas le train. C'était le jour de mon dernier examen… Le téléphone sonna, avant que l'alarme se fût déclenchée. Je me précipitai hors du lit. C'était ma mère qui s'assurait que tout était en ordre et que j'étais prêt à partir ! Je filai à la gare, redoutant que le moindre retard mît fin à mes espoirs de réussite.

2 **1.** Le chef ordonne que les troupes fassent demi-tour.
2. J'ai très peur que tu me croies coupable.
3. Si elle veut partir avec nous, qu'elle soit à l'heure !
4. Bien qu'il ait fait de bonnes études, il n'occupe pas l'emploi dont il rêvait.

EXPLICATION
Phrase 1 : après un verbe de volonté, la complétive est au subjonctif.
Phrase 2 : après un verbe de sentiment (ici, la crainte), la complétive est au subjonctif.
Phrase 3 : expression d'un ordre.
Phrase 4 : *bien que* est suivi du subjonctif.

3 **1.** Elle souhaite que tu aies de la chance.
2. Elle souhaite que tu partes très tôt le matin et que tu coures pour conserver la forme.

20 Indicatif futur et conditionnel présent

1 **1.** S'il essaie de prendre mon sac, je ☒ crierai ❑ crierais le plus fort possible.
2. Je lui avais promis que je lui ❑ enverrai ☒ enverrais de l'argent.
3. Si je n'étais pas malade, je ❑ pourrai ☒ pourrais te rejoindre vite.
4. « Demain, dès l'aube, à l'heure où blanchit la campagne, je ☒ partirai ❑ partirais. »

2 **1.** Il dit : « Je l'aiderai. » → Il disait qu'il l'aiderait.
2. Il dit : « Il fera beau tout l'été. »
→ Il disait qu'il ferait beau tout l'été.
3. Il dit : « Nous partirons plus tard. »
→ Il disait que nous partirions plus tard.

3 Ah ! que je n'aimerais pas que quelqu'un lise mon journal. J'ai numéroté les pages. Je me demande ce que j'aurai à la page 100. À partir de février, je dois aller au lycée clandestin. Mais ne pense pas, mon cher journal, que je t'abandonnerai pour autant ! Je n'aurai jamais de plus grand ami que toi.

EXPLICATION
Je n'aimerais pas exprime un souhait, ce qui explique la présence du conditionnel. Tous les autres verbes sont au futur, puisque ce sont des projections dans l'avenir, à partir d'un contexte au présent.

21 Les emplois du conditionnel

1 Je voudrais revenir.
Près d'elle à l'improviste une nuit où le songe
Peut-être insinuerait que je ne serais plus.

EXPLICATION
• Le sujet du verbe *insinuer* est *le songe* ; d'où la terminaison *-ait*.
• Attention par ailleurs à bien conserver le *e* du radical : *insinuerait*.

2 **1.** Le malade disait que le lendemain il irait mieux. • **2.** S'il était rétabli, il serait parti en vacances.

3 **1.** Je souhaiterais vous rencontrer au cours d'un entretien.
2. Si tu m'avais fait signe, je serais venu te voir.
3. Ce diplôme ouvrirait toutes les portes.

4 **1.** *Pourriez*-vous m'indiquer la poste la plus proche ? demande atténuée • **2.** J'*aimerais* être sur un bateau. souhait • **3.** Je ne pensais pas que tu *viendrais* me rejoindre. futur dans le passé

22 La concordance des temps

1 Je forme une entreprise qui n'eut jamais d'exemple et dont l'exécution n'aura point d'imitateur. Je sens mon cœur et je connais les hommes.
Je ne suis fait comme aucun de ceux que j'ai vus ; j'ose croire n'être fait comme aucun de ceux qui existent. Si je ne vaux pas mieux, au moins je suis autre.
1. Relève une proposition subordonnée dont l'action a lieu en même temps que celle de la principale. « qui existent » – « si je ne vaux pas mieux »
À quel temps est son verbe ? Au présent de l'indicatif.
2. Relève une proposition subordonnée dont l'action est postérieure à celle de la principale. « dont l'exécution n'aura point d'imitateur »
À quel temps est son verbe ? Au futur de l'indicatif.
3. Relève une proposition subordonnée dont l'action est antérieure à celle de la principale. « qui n'eut jamais d'exemple » – « que j'ai vus »
À quel temps est son verbe ? Au passé simple – au passé composé.
4. Réécris la première phrase en commençant par *Je formais*. Effectue les transformations nécessaires. Je formais une entreprise qui n'avait jamais eu d'exemple et dont l'exécution n'aurait point d'imitateur.

2 **1.** Je sortirai la voiture quand tu auras ouvert la porte du garage.
2. Quand il s'ennuyait, il cuisinait.
3. Louise pensait que, lorsqu'il paraîtrait, son livre n'aurait aucun succès.

3 **1.** Bien qu'il ❑ coure ☒ courût vite, il n'était pas le meilleur. • **2.** Il faut de la lumière, pour que nous ❑ voyons ☒ voyions clair. • **3.** Il fallait qu'il ❑ aima ☒ aimât assez les bêtes pour devenir vétérinaire. • **4.** Il est nécessaire que le livre ❑ paraît ☒ paraisse en janvier.

4 Hansel, tends tes doigts, que je voie si tu es déjà assez gras.
Mais Hansel tendait un petit os et la sorcière, qui avait de mauvais yeux, ne s'en rendait pas compte. Elle croyait que c'était vraiment le doigt de Hansel et s'étonnait qu'il n'engraissât point.

5 À travers les fenêtres, il vit que la pluie avait cessé depuis un moment. Il fallait maintenant qu'il sortît s'il ne voulait pas rater son train. Bien qu'il hésitât encore un peu, il se dirigea vers la porte et l'ouvrit. Quelle ne fut pas sa surprise quand il aperçut sur son paillasson un panier contenant un chiot endormi ! Il souleva délicatement le colis pour que l'animal ne se réveillât pas. Il se mit à le contempler, oubliant l'heure qui passait et le train à prendre !

23 L'accord de l'adjectif qualificatif : cas difficiles

1 **1.** Il a mélangé du rouge et du jaune pour peindre des fruits orange. • **2.** Les vêtements des soldats sont kaki et non vert olive. • **3.** Les sénateurs romains portaient des bandes pourpres au bas de leurs toges blanches. • **4.** Des drapeaux français bleu, blanc, rouge flottent sur l'ambassade.

2 **1.** Ils avaient les bras ❑ nu ☒ nus malgré le froid.
2. Ils sont restés ❑ droit ☒ droits pendant l'appel.
3. Ils étaient à ☒ demi- ❑ demis-nus dans la neige et le vent glacial.

3 — Il est deux heures et demie, souffle Robert qui a eu le temps de vérifier l'heure. Le commandant arrive, ne bougez plus, tenez bon.

On l'aperçoit au loin, la casquette vert foncé à tête de mort vissée sur le crâne. Il est vêtu d'un épais manteau et porte des bottes marron.
— Je voulais seulement vous souhaiter une bonne nuit.
— Il est trois heures trente, crie le kapo. Vous avez encore une demi-heure de sommeil.

24 Participe présent et adjectif verbal

1 **1.** Il faut écrire des choses très folles en ayant des vies très rangées.
2. L'amour plaît plus que le mariage, pour la raison que les romans sont plus amusants que l'histoire.
3. La valse est une danse répétitive et agaçante, monotone lorsqu'on n'a pas le droit de changer de partenaire.
4. Moi ça me plaît de jouer avec rien, comme quand j'étais môme et que je m'imaginais combattant des dragons.

EXPLICATION
On appelle gérondif le groupe formé de *en* + participe présent (*en ayant*).

2 **1.** Les jeunes enfants sont fatigants • **2.** Elles partirent confiantes. • **3.** Ne parvenant pas à comprendre, je demandai des explications.

3 **1.** ~~suffocant~~ – provoquant – communiquant – zigzaguant
2. concluant – confiant – remuant – ~~abritant~~ – brillant

EXPLICATION
• Dans la série 1, *suffocant* est le seul adjectif verbal (p. prés. : *suffoquant*).
• Dans la série 2, *abritant* est un participe présent qui ne peut pas être également un adjectif verbal, contrairement aux autres formes.

25 L'accorder du verbe avec son sujet : cas difficiles

1 **1.** Marc, Éric et toi partirez tous les trois demain. • **2.** Ton frère et moi partirons bientôt en tandem. • **3.** Toi et lui/elle observez les oiseaux.

2 **1.** Tu es le seul qui ne ☒ dises ❑ dise pas bonjour en arrivant. • **2.** Passe par l'une des routes qui ❑ mène

☒ mènent à Rome ! • **3.** Tes amis et toi ☒ formez ❑ forment une bonne équipe. • **4.** C'est Karine et moi qui ☒ sommes ❑ sont les premiers.

3 Des belles femmes qui faisaient pousser des cornes à leur mari, les SS en voyaient tous les jours, mais une qui voulait s'en débarrasser en le faisant exécuter pour terrorisme, ils demandaient à voir de près. L'homme, sur son lit de mort, a confirmé, il était le seul responsable. Les schleus l'ont fusillé avec ses pansements qui volaient sous les balles. C'est nous qui l'avions tué, cet homme, et c'est lui qui nous sauvait la vie.

26 L'accord du participe passé : règles générales

1 La visite du château terminée, les touristes sont partis à regret. Ils ont jeté quelques regards en arrière et ont emporté avec eux nombre de souvenirs qu'ils ont achetés sur place, et surtout toutes les photos qu'ils ont faites. Les guides touristiques rangés dans les sacs n'ont plus rien à leur apprendre !

2

p.p. = adjectif qualificatif	p.p. avec auxiliaire *être*	p.p. avec auxiliaire *avoir* (COD à droite)	p.p. avec auxiliaire *avoir* (COD à gauche)
terminée – rangés	partis	jeté – emporté	achetés – faites

3 **1.** La chienne que nous avons adoptée s'appelle Laïka. • **2.** Des billes, Enzo en a gagné beaucoup à la récréation. • **3.** Les spectateurs ont applaudi à tout rompre : la pièce qu'ils ont vue les a enchantés ! • **4.** De nouveaux élèves sont arrivés en cours d'année dans notre collège.

EXPLICATION
Phrase 2 : en mis pour *des billes* est bien COD mais c'est un pronom personnel adverbial qui n'entraîne aucun accord.

4 **1.** Vous lirez les documents ci-joints.
2. Ci-joint des documents que vous voudrez bien lire.
3. Les feuilles ci-jointes devront être remplies.

27 L'accord du participe passé d'un verbe pronominal

1 La moto et la voiture ont fait le tour de la place et se sont arrêtées devant le café-épicerie de la Paulette Goudounèche. Les civils en imper et chapeau sont sortis de l'auto, et se sont précipités vers le magasin. Tout à coup, la moto des Boches s'est mise à ronfler, les deux types en imper sont remontés dans leur auto. Les Allemands partis, les gens du bourg se sont retrouvés sur la place.

2 se ressembler – s'écrouler – se regarder – se parler – se sourire – se déchaîner – se mentir.

3 **1.** Elles se sont serré la main. • **2.** Ils se sont serrés l'un contre l'autre. • **3.** Les mains qu'ils avaient serrées étaient froides. • **4.** Elle s'est serrée contre sa sœur.

EXPLICATION
Le participe passé d'un même verbe pronominal peut prendre quatre orthographes différentes selon le contexte et la place des mots.

28 L'accord de *même*

1 Tous subissent la même tonsure, portent le même froc, mangent le même pain noir, dorment sur la même paille, meurent sur la même cendre. Le même sac sur le dos, la même corde autour des reins. Il peut y avoir là un prince, ce prince est la même ombre que les autres. Plus de titre. Les noms de famille même ont disparu.

EXPLICATION
Lorsque *même* est adverbe, tu peux le remplacer par *aussi, de plus* ou *y compris : Les noms de famille aussi ont disparu.*

2 Tous subissent les mêmes tonsures, portent les mêmes frocs, mangent les mêmes pains noirs, dorment sur les mêmes pailles, meurent sur les mêmes cendres.

3 **1.** Même (adv.) ses parents ne pouvaient le joindre. **2.** Ils ont programmé aujourd'hui les mêmes (dét.) films qu'hier. **3.** Monsieur, vous avez peint vous-même (dét.) cette toile ? **4.** Elles n'osaient parler, même (adv.) doucement. **5.** Ils ne pensent qu'à eux-mêmes (dét.).

EXPLICATION
Phrase 3 : *même* est au singulier car *vous* ne désigne pas plusieurs personnes, mais une seule (*Monsieur*).

4 **1.** Il dort à même le sol. **2.** Mon frère est né ici même, à Saint-Malo. **3.** Agissez toujours de même. **4.** Alors qu'il se trouvait en difficulté, il a tout de même réussi.

29 L'accord de *tout*

1 **1.** Tous les tests le prouvent. → déterminant accordé avec le nom *tests*.
2. Les livres sont tous dans la bibliothèque. → pronom, mis pour *les livres*. On entend le *s*.
3. La voiture est tout abîmée. → adverbe invariable devant une voyelle.

2 **1.** Ces livres sont tous neufs. / Ces livres sont tout neufs.
Tous neufs = tous sans exception ; tout neufs = complètement neufs.
2. Tous les invités sont repartis. / Les invités sont tous repartis.
Tous les invités : les invités sans exception ; dans la seconde phrase, tous est pronom et reprend les invités, pour insister sur l'idée de totalité (il ne reste vraiment plus personne).

3 Ce matin, tout est blanc devant la maison. Les flocons sont tombés toute la nuit et la neige a recouvert les toits, les voitures et tous les trottoirs. Les bruits de pas des rares promeneurs semblent tout étouffés dans ce silence glacé. Ici ou là, un chat a laissé les empreintes de ses toutes petites pattes sur le manteau blanc. Bientôt, tout le monde sera à nouveau dehors, se hâtant comme tous les jours vers ses activités habituelles. Mais, pour le moment, c'est comme si la ville immaculée était encore tout endormie, toute nappée de douceur.

30 Les homophones *qu'elle* et *quel*

1 Quelle angoisse et quelle tristesse, France, dans l'âme de ceux qui t'aiment ! Songes-tu que le danger est dans ces ténèbres têtues de l'opinion publique ? Cent journaux répètent quotidiennement que l'opinion publique ne veut pas que Dreyfus soit innocent, que sa culpabilité est nécessaire au salut de la patrie. Et sens-tu à quel point tu serais la coupable, si l'on s'autorisait d'un tel sophisme, pour étouffer la vérité ? C'est la France qui l'aurait voulu, c'est toi qui aurais exigé le crime, et quelle responsabilité un jour ! À mesure que la vérité avance, les mensonges s'entassent, pour nier qu'elle marche.

2 **1.** « Quel homme est sans erreur ? Et quel roi sans faiblesse ? » (Hugo)
2. « L'étude a cela de bon qu'elle nous délivre du fardeau de notre oisiveté » (Voltaire)
3. « Quelle ombre, quel feuillage, quel fruit peut encore donner l'arbre abattu ? » (Adiaffi)
4. « La presse est une bouche forcée d'être toujours ouverte et de parler toujours. De là vient qu'elle dit mille fois plus qu'elle n'a à dire, et qu'elle divague souvent. » (Vigny)
5. « Mais sait-on quels sont les sages et quels sont les fous, dans cette vie où la raison devrait souvent s'appeler sottise et la folie s'appeler génie ? » (Maupassant)

31 Les homophones *quel que* et *quelque*

1 **1.** ☒ Quelle que soit la température, je me baigne.
2. Mes recherches donnent ☒ quelques bons résultats.
3. J'accepterai tes arguments ☒ quels qu'ils soient.

2 Tu as trop de savoir et d'intelligence, mon Cruchard, tu oublies qu'il y a quelque chose au-dessus de l'art, à savoir la sagesse. Elle nous apprend à voir hors de nous quelque chose de plus élevé que ce qui est en nous, et à nous de l'assimiler peu à peu. Mais je ne réussirais pas à te changer, je ne réussirais même pas à te faire comprendre comment j'envisage et saisis le bonheur, c'est-à-dire l'acceptation de la vie, quelle qu'elle soit !

EXPLICATION
Quelque se trouve dans plusieurs expressions invariables : *quelque chose, quelque part, quelquefois* (en un seul mot), *quelque temps*...

3 Quelle que soit leur fatigue, les quelques jeunes filles finalistes de la compétition acceptèrent, pour saluer le public venu les acclamer, de parcourir à pied les quelque cinq cents mètres qu'elles auraient dû faire en voiture.

4 **1.** J'ai gardé quelques bons souvenirs de ces années. • **2.** Quelle que soit ta décision, reste prudent ! • **3.** Il faut que je lise encore ces quelque cinq cents pages. • **4.** II devra s'expliquer quelles que soient ses raisons.

EXPLICATION
Phrases 2 et 4 : *quelle que* et *quelles que* s'accordent avec le sujet du verbe au subjonctif.

32 Les différents sens d'un mot

1 Une livre peut être une unité de poids, une monnaie ancienne ou la monnaie utilisée au Royaume-Uni. Ces trois sens possibles forment le champ sémantique du mot *livre*.

2

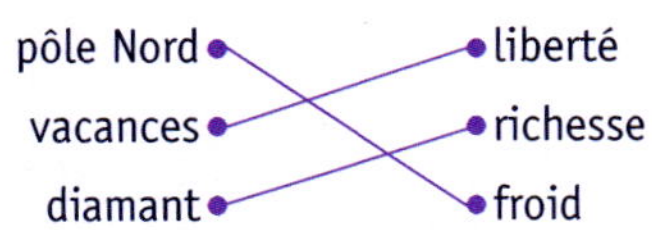

3 **1.** une maison – un palais – ~~une baraque~~ – une demeure – un chalet – un château
2. un cheval – ~~une rosse~~ – un pur-sang – un étalon – une jument – un coursier
3. un homme – un personnage – une personne – un individu – ~~un type~~

33 Synonyme, antonyme, homonyme et paronyme

1 **1.** Il a pu être très froissé par leurs paroles trop directes.
2. Mon voisin est terriblement prolixe !
3. Marc dissimule un caractère espiègle sous un air sévère.

2

	Synonyme	Antonyme
succès	réussite	échec
tristesse	chagrin	joie

EXPLICATION
Il y a d'autres réponses possibles : *triomphe, aboutissement, réalisation* peuvent être synonymes de succès ; *insuccès, débâcle, fiasco* sont d'autres antonymes de ce mot. De même pour *tristesse* qui a pour autres synonymes *affliction, mélancolie, peine, souffrance,* et pour antonymes *bonheur, contentement, gaité, euphorie*...

3 **1.** Nous nous arrêtons sur une aire de service de l'autoroute.
2. Les mythes de l'antiquité grecque sont captivants.
3. Les prisonniers portaient de lourdes chaînes.

EXPLICATION
Le mot *air* a de nombreux homonymes : *aire*, mais aussi *ère, erre, hère*. *Hère* signifie « homme misérable » ou « jeune cerf ».

4 **1.** Tu as fait une brutale irruption dans la salle. – Le Vésuve est entré en éruption en 79 après J.-C. **2.** Un grave accident a eu lieu sur l'autoroute. – Tout ceci n'est qu'un incident diplomatique sans conséquence.

EXPLICATION
Les paronymes sont fréquemment sources d'erreurs : c'est le cas de *collision* (accident) et de *collusion* (complicité), de *conjecture* (supposition) et de *conjoncture* (situation).

34 Les figures de style

1 <u>Mignonne, allons voir si la rose</u>
Qui ce matin avait déclose
Sa robe de pourpre au soleil
A point perdu cette vesprée
Les plis de sa robe pourprée
Et son teint au vôtre pareil.

Las ! voyez comme en peu d'espace
<u>Mignonne, elle a dessus la place</u>
Las, las ses beautés laissé choir !
Ô vraiment marâtre Nature,
Puisqu'une telle fleur ne dure
Que du matin jusques au soir !

1. Voir ci-dessus.
2. « Les plis de sa robe pourprée ».
3. Les pétales de la rose.
4. Le poète attire l'attention de la jeune fille à laquelle il s'adresse en l'interpellant.

EXPLICATION
En réponse à la question 5, on pouvait également souligner les deux vers commençant par *Las* (= *Hélas !*), cette répétition renforçant l'idée que la femme, comme la rose, est malheureusement impuissante face à la fuite du temps, au vieillissement et à la mort.

2

Napoléon	la Venise du Nord
Amsterdam	le petit serpent ailé
le moustique	le Petit Caporal

EXPLICATION
• Les périphrases permettent d'éviter des répétitions, ou de mettre en avant une caractéristique particulière de ce dont on parle.
• Quand on remplace un nom propre par une périphrase, les mots qui la composent prennent une majuscule.

35 Les marques de modalisation

1 ❑ **1.** Le film *Capitaine Blood* a été réalisé par Michael Curtiz.
❑ **2.** Il est sorti aux États-Unis en 1955.
☒ **3.** C'est indiscutablement l'une des grandes dates de l'histoire du film d'aventures.
❑ **4.** Parmi les acteurs figurent Errol Flynn et Olivia de Havilland.
☒ **5.** Ce film est marqué par la rencontre d'Errol Flynn et d'Olivia de Havilland qui formeront un couple exceptionnel.
☒ **6.** Les studios de la Warner découvrent, avec *Capitaine Blood*, la magie du cinéma d'aventures.
☒ **7.** Le travail de M. Curtiz est celui d'un vieux routier et d'un grand professionnel.

EXPLICATION
Selon le cas, les énoncés modalisés expriment un plus ou moins grand degré de certitude (*indiscutablement, semblent*) et/ou un jugement positif sur le film.

2 Phrase 3 : l'une des grandes dates.
Phrase 5 : un couple exceptionnel.
Phrase 6 : la magie.
Phrase 7 : un grand professionnel.

3 Comme j'eus peur ! Puis voilà que tout à coup je commençai à m'apercevoir dans une brume, au fond du miroir, dans une brume comme à travers une nappe d'eau ; et il me semblait que cette eau glissait de gauche à droite, lentement, rendant plus précise mon image de seconde en seconde. C'était comme la fin d'une éclipse. Ce qui me cachait ne paraissait point posséder de contours nettement arrêtés, mais une sorte de transparence opaque s'éclaircissant peu à peu. Je pus enfin me distinguer complètement.

4 **1.** Mon frère aurait perdu ses papiers dans le métro.
Mon frère a perdu ses papiers dans le métro.
2. Cet exercice est bien évidemment utile.
Cet exercice est utile.
3. Il paraît que la pluie va cesser prochainement.
La pluie va cesser prochainement.
4. D'après moi, il ne pleuvra pas aujourd'hui.
Il ne pleuvra pas aujourd'hui.
5. Il se pourrait que les épreuves soient difficiles.
Les épreuves sont difficiles.

5 Or, ayant dormi quarante minutes, je rouvris les yeux sans faire un mouvement, réveillé par une émotion. Je ne vis rien d'abord, puis tout à coup, une page du livre resté ouvert sur ma table tourna toute seule. Aucun souffle d'air n'était entré par ma fenêtre. J'attendis. Au bout de quarante minutes, je vis une autre page se soulever et se rabattre sur la précédente.

INFOS PARENTS

© Phovoir

Quel est le programme de français en 3e ?
- Comment se déroulent les cours ?
- Comment le français est-il évalué lors des épreuves du brevet ?
- Comment pouvez-vous aider votre enfant à la maison ?

Voici les points sur lesquels ce supplément « Infos parents » tente de vous apporter des réponses claires.

Quel est le programme de français en 3e ?

Le programme de français pour la classe de 3e a changé à la rentrée 2016. Il est intégré désormais au programme du cycle 4, un cycle d'enseignement qui s'étend de la 5e à la 3e. Il a fait l'objet de quelques ajustements pour la rentrée 2018.

Quatre domaines

Lecture, écriture, langage oral

Permettre à l'élève de développer une pensée autonome, reposant sur un usage correct et précis de la langue française, tel est l'objectif général du cycle 4 en français.
Le programme est organisé autour **d'activités de lecture et d'écriture diversifiées,** en lien avec des thèmes de culture littéraire et artistique (voir ci-dessous). Plus qu'autrefois, ce programme met également **l'accent sur le langage oral**. Les élèves apprennent à écouter des interventions, à faire une présentation orale, à interagir dans un débat.

L'étude de la langue

Prépondérantes, ces activités de lecture, d'écriture et d'oral sont complétées par des activités en **grammaire,** en **orthographe** et dans le **domaine du lexique**, qui permettent de comprendre le fonctionnement de la langue française et d'en acquérir les règles.

Connaissances et compétences

Dans chacun de ces domaines, le programme met en avant les compétences attendues à la fin du cycle, donc en fin de 3e. Les connaissances listées dans les programmes servent à construire ces compétences.
Voici, par exemple, les compétences exigibles **dans le domaine de la lecture** :
- Lire des œuvres littéraires, fréquenter des œuvres d'art.
- Élaborer une interprétation de textes littéraires.
- Lire des images, des documents composites (y compris numériques) et des textes non littéraires.

Et dans celui de **l'expression écrite** :
- Utiliser l'écrit pour penser et pour apprendre.
- Adopter des stratégies et des procédures d'écriture efficaces.
- Exploiter des lectures pour enrichir son écrit.

Une approche interdisciplinaire

Le français et les autres disciplines

Le travail en français permet de nombreux croisements entre les disciplines :
- le professeur de français veille tout particulièrement à ménager des rapprochements avec **le latin et le grec**, tant sur le plan culturel que sur le plan linguistique ;

• il puise aussi dans les thématiques d'**histoire des arts** pour élaborer des projets ;
• les **ressources du numérique** sont intégrées au travail ordinaire de la classe, de même que la réflexion sur leurs usages ;
• enfin, l'enseignement du français contribue fortement à la **formation civique et morale** des élèves en développant l'esprit critique et la capacité à argumenter.

Les EPI

Ces liens entre les disciplines sont pleinement exploités dans le cadre des EPI (**enseignements pratiques interdisciplinaires**), où l'enseignant de français, en collaboration avec d'autres professeurs, fait travailler les élèves sur des projets concrets au croisement de deux disciplines ou plus.

Quelle est la part consacrée à la lecture en 3e ? En quoi consiste l'étude d'une œuvre littéraire ?

En lien avec le programme de culture littéraire et artistique, l'enseignant de français propose, trois à quatre fois dans l'année, d'étudier une œuvre littéraire en texte intégral. La « lecture analytique » effectuée avec l'enseignant permet aux élèves d'approfondir leur première lecture et de comprendre ce qui peut faire la richesse et l'intérêt d'un livre.

Les thèmes de culture littéraire et artistique en 3e

En 3e, le programme de français s'articule autour de **cinq thèmes de culture littéraire et artistique**, associé chacun à des indications de « corpus ».

Se raconter, se représenter
• Un récit autobiographique • Des extraits d'œuvres relevant de diverses formes, du récit de soi et de l'autoportrait
Dénoncer les travers de la société
• Des œuvres, de l'Antiquité à nos jours, de registre satirique ou polémique
Visions poétiques du monde
• Des poèmes, du romantisme à nos jours, exprimant des visions du monde et des esthétiques différentes
Agir dans la cité : individu et pouvoir
• Une œuvre portant un regard sur l'Histoire du XXe siècle (guerres mondiales, totalitarismes)
Progrès et rêve scientifiques
• Un roman ou une nouvelle de science-fiction • Des textes et documents issus de la presse et des médias sur le thème du progrès scientifique

L'étude d'œuvres littéraires en texte intégral

En lien avec ce programme, votre enfant va étudier trois ou quatre œuvres en texte intégral qu'il devra lire préalablement à la maison.

Le travail en classe

En classe, selon l'objectif de la séance, l'enseignant fait étudier un passage significatif ou l'œuvre envisagée dans sa globalité.

Collectif, en groupe ou individuel, le travail peut aussi prendre la forme :
• de moments de lecture « plaisir » où le texte est lu à haute voix par les élèves ;
• de travaux d'écriture et/ou de réécriture « à la manière d'un auteur » ;
• de débats préparés en groupe et animés par l'enseignant ou par un élève ;
• de présentations d'histoire littéraire par le professeur, avec prise de notes ;
• de recherches culturelles qui élargissent le champ de l'œuvre (histoire, actualité, arts).

L'objectif visé

L'enseignant s'efforce ainsi de dépasser les analyses formelles pour faire des liens avec le monde et l'histoire, ouvrir l'espace et le temps. La finalité dernière étant, bien entendu, que les élèves **prennent du plaisir dans la lecture** de l'œuvre intégrale.

Comment aider votre enfant dans son travail sur le texte ?

Les questions préparatoires

L'enseignant de français fait souvent préparer l'étude d'un passage en demandant à ses

élèves de répondre à quelques questions préparatoires. Ces questions ne sont jamais très difficiles et une lecture attentive du texte permet le plus souvent d'y répondre. Incitez votre enfant, s'il réclame de l'aide :
• à relire le passage ;
• à reformuler chaque question, pour vérifier qu'il en a compris le sens ;
• à y répondre par des phrases complètes, en s'appuyant sur les termes utilisés dans la question.
Cet **entraînement en expression écrite**, bien que limité, peut s'avérer très utile et permettre à votre enfant d'aborder, sans blocage, des travaux d'écriture plus ambitieux.

Les recherches documentaires

L'étude d'une œuvre intégrale peut aussi donner lieu à des recherches documentaires à la maison, sur Internet. Pour éviter que votre enfant n'imprime des pages et des pages, dont il ne fera rien, **accompagnez sa recherche** en l'aidant à choisir les mots-clés correspondant au sujet, puis à trier les informations recueillies : d'abord les sites, sur la page qui affiche les résultats de la recherche, puis les pages des sites sélectionnés.

Quels types de travaux d'écriture sont proposés ? Comment l'aider à rédiger ?

L'écriture d'un texte est un exercice très complet, qui met en jeu tout à la fois la réflexion, l'imagination et la maîtrise des outils de la langue. C'est également un exercice difficile. Comment apporter une aide à votre enfant dans ce domaine ?

Les différents types d'écrit

En classe de 3e, toutes sortes de travaux de rédaction peuvent être proposés : résumé de texte, compte rendu d'une visite, suite de récit, écriture d'une lettre (réelle ou fictive) ou d'une scène de théâtre, construction d'une argumentation, etc. Ces travaux sont **le plus souvent effectués en classe** ; certains, cependant, peuvent prendre la forme de devoirs à faire ou à terminer à la maison. C'est surtout dans ce cas que votre enfant sera amené à solliciter votre aide.

Discuter ensemble, lui donner accès au monde extérieur

La pensée se nourrit d'expériences vécues, de réflexions, de lectures. Les **discussions familiales** constituent à cet égard les moments les plus riches de cette pensée en action.
Par ailleurs, la 3e correspond à un âge où l'adolescent s'intéresse de plus en plus au monde extérieur. Pour **favoriser cette ouverture au monde**, journaux et débats télévisés sont de bons supports. N'hésitez pas également à lui conseiller un magazine ou un site d'informations adaptés à son âge, ou à sélectionner, dans la presse que vous lisez, des articles qui peuvent le concerner.

L'aider à comprendre la consigne

Il est nécessaire d'aider votre enfant à s'approprier la consigne d'un exercice d'écriture en lui demandant **comment il se représente la tâche à accomplir**. Il s'agit de le mettre « en projet » et de lui permettre de comprendre ce qu'on attend exactement de lui.

Travailler dans le temps et l'échange

Un travail écrit gagne en qualité quand il est repris plusieurs fois, à quelques jours ou – à défaut – à quelques heures d'intervalle. Progressivement, il s'agit d'apprendre :
• à **relire sa production avec du recul** et à en améliorer le contenu ;
• à **isoler des problèmes de formulation,** telles que les fautes de constructions, les répétitions, les tournures familières, etc. ;
• à **repérer des fautes d'orthographe** grammaticale (par exemple, à l'aide d'une grille personnalisée, constituée à partir des erreurs le plus souvent relevées sur ses copies).

Comment est évalué le niveau de votre enfant en français dans le cadre du brevet ?

Les épreuves finales du nouveau brevet comprennent, depuis juin 2018, une épreuve orale et quatre épreuves écrites. L'une des épreuves écrites est consacrée au français. Elle permet de vérifier la maîtrise d'une des composantes clés du socle : la capacité à comprendre un document et à s'exprimer en utilisant correctement la langue française.

Évaluation régulière des acquis et examen

Notez bien que les acquis de votre enfant, son niveau de maîtrise du socle commun font l'objet d'une **évaluation régulière tout au long du cycle 4**, qui se traduit à la fin de la 3e par un nombre de points.

Pour chaque composante du socle, voici le barème appliqué :

Degré de maîtrise	Nombre de points
Maîtrise insuffisante	10 points
Maîtrise fragile	25 points
Maîtrise satisfaisante	35 points
Très bonne maîtrise	50 points

Votre enfant peut ainsi obtenir au maximum 8×50, soit 400 points, s'il a une très bonne maîtrise des huit composantes du socle. Les notes obtenues aux épreuves du brevet s'ajoutent à ce nombre de points, pour donner la note finale au brevet.

La structure de l'épreuve de français

L'épreuve, d'une durée de 3 heures, se compose de deux parties (séparées par une pause de 15 minutes).

La première partie de l'épreuve

La première partie (durée : 1 heure 10) prend appui sur un **corpus constitué d'un texte littéraire et d'un document iconographique**.

Votre enfant doit répondre à une première série de questions qui permettent d'évaluer ses compétences linguistiques. Une seconde série de questions sollicitent sa capacité à interpréter des documents et à les comparer.

Les réponses aux questions sont notées sur 50 points.

La seconde partie de l'épreuve

La seconde partie de l'épreuve comprend :

- une dictée (pendant 20 minutes), pour vérifier la **maîtrise de l'orthographe** du candidat ;
- une rédaction sur deux sujets au choix, l'un de réflexion, l'autre d'invention (durée : 1 heure 30) pour évaluer sa **capacité à rédiger**.

La dictée est notée sur 10 points ; la rédaction, sur 40 points.

Quels conseils donner à votre enfant ?

Avant l'épreuve

Insistez auprès de votre enfant sur le fait que cette épreuve se prépare **tout au long de l'année**. C'est en travaillant régulièrement en cours de français qu'il affine sa sensibilité littéraire et artistique et acquiert de l'aisance à l'écrit, deux compétences clés le jour du brevet.

Pendant l'épreuve

Il convient que votre enfant lise le texte littéraire attentivement, deux fois, pour bien s'en imprégner.

Les **réponses aux questions** doivent être **rédigées**. Un « oui » ou un « non » ne suffit pas. Une réponse doit aussi s'appuyer sur le texte et donner des citations comme preuves de ce qui est avancé.

Pour la rédaction, conseillez-lui de choisir un des sujets puis de se tenir à son choix. Qu'il s'agisse du sujet de réflexion ou d'invention, il est important qu'il fixe **la construction de son devoir au brouillon**. Il peut ensuite rédiger directement sur la copie sans oublier de se relire à la fin.

36 Statut du narrateur et point de vue

1 Dans le premier extrait, le narrateur est interne car le récit est à la 1re personne. Comme il s'agit d'une autobiographie, Chateaubriand est à la fois le narrateur, le personnage et l'auteur : c'est à lui que renvoient le *je* et toutes les marques de la première personne.
Dans le second extrait, le narrateur est externe car le récit est à la 3e personne (*elle s'était trop pressée…*).

EXPLICATION
Attention, un récit à la 1re personne n'est pas toujours une autobiographie : il arrive que le narrateur soit un personnage fictif. Dans ce cas, l'auteur et le narrateur doivent être distingués.

2 Le point de vue est externe. Nous pouvons voir la scène, nous la représenter comme si une caméra nous en donnait l'image. Le narrateur semble effacer sa présence pour prouver son objectivité.

EXPLICATION
Les verbes de perception, les notations de lumière, les pronoms indéfinis (*on*), placent le narrateur comme un spectateur externe.

3 Le début présente un point de vue externe : on voit l'homme de « l'extérieur ». Mais le point de vue devient interne à partir de la 4e phrase (« Une seule idée… »). À partir de ce moment, on suit les pensées de l'homme, ses intentions.

EXPLICATION
On peut aussi considérer que la 3e phrase relève déjà du point de vue interne : en effet, le narrateur semble connaître les intentions du personnage (*pour glisser…*) et ses sensations (*le gênait*).

4 Le point de vue est omniscient. Le récit est à la 3e personne et on connaît les sentiments et les réactions des deux personnages en présence.

EXPLICATION
Des éléments du texte trahissent la présence du narrateur (*pauvre enfant !, cette âme de fer*) : ce sont des modalisateurs qui expriment son jugement sur les événements qu'il est en train de raconter.

37 Discours direct et discours indirect

1 **1.** Le boulanger lui a demandé ce qu'il voulait.
→ discours indirect.
2. « Tu dors ? demande Marc.
— Non, je fais semblant », répond Éric, les yeux fermés. → discours direct.
3. Élise promit qu'elle reviendrait vite.
→ discours indirect.

2 **1.** Elle lui demande quand il/elle pourra venir la chercher.
2. Il lui affirmait qu'il/elle n'avait rien à faire.
3. Il annonça qu'une semaine plus tard, il déménagerait.
4. Elle disait qu'elle était arrivée la veille et que le lendemain, elle retournerait chez elle.
5. Il demanda à Sarah si elle pouvait apporter son ordinateur portable.

EXPLICATION
Observe les changements d'indicateurs de temps : *hier* → *la veille* ; *demain* → *le lendemain* ; *la semaine dernière* → *la semaine précédente…*

3 L'agent marmonnait. Il allait appeler leurs parents. Ils finiraient par comprendre ! Lui, ne pouvait plus tolérer leurs sempiternelles bêtises. [Il déversa sur eux encore mille reproches et menaces.] Il s'arrêta enfin à l'arrivée de son collègue.

EXPLICATION
Le discours indirect libre permet d'alléger le récit, en faisant l'économie des verbes introducteurs de paroles.

4 **1.** Je restai évasif. Cela m'était égal et nous pourrions le faire si elle le voulait.
2. Je m'expliquai avec elle. Cela n'avait aucune importance et, si elle le désirait, nous pouvions nous marier.

5 Le type de l'immigration m'a demandé mon nom et, quand je le lui ai dit, il a manifesté son mépris et a décidé que je m'appellerais Jack.

38 Les connecteurs

1 Le sentier, d'abord, montait entre des terrains vallonnés comme la pelouse d'un parc, puis arrivait sur un plateau où alternaient des pâturages et des champs en labour. Çà et là, un grand arbre mort faisait sur l'air bleu des zigzags avec ses branches. Presque toujours on se reposait dans un pré, ayant Deauville à gauche, Le Havre à droite et en face la pleine mer.

EXPLICATION
D'abord, *puis* sont des connecteurs temporels mais, comme souvent, ils ont davantage un rôle logique, puisqu'ils assurent la progression de la description.

2 **1.** Tu redoutes la chaleur, donc tu es venu de bon matin.
2. La couche d'ozone diminue, si bien que certains États s'inquiètent.

3 La proportion d'imbéciles et de malfaisants est une constante qu'on trouve dans tous les échantillons de population. Car ce n'est pas seulement l'intérêt qui fait s'entretuer les hommes. C'est aussi le dogmatisme. En effet, rien n'est aussi dangereux que la certitude d'avoir raison. Rien ne cause autant de destruction que l'obsession d'une vérité considérée comme absolue. Ainsi, tous les crimes de l'histoire sont des conséquences de quelque fanatisme. Or cette froideur et cette objectivité qu'on reproche aux scientifiques, peut-être conviennent-elles mieux que la fièvre et la subjectivité pour traiter certaines affaires humaines. Car ce ne sont pas les idées de la science qui engendrent les passions, mais ce sont les passions qui utilisent la science pour soutenir leur cause. On peut reprocher à certains scientifiques la fougue qu'ils apportent parfois à défendre leurs idées. Mais aucun génocide n'a encore été perpétré pour faire triompher une théorie scientifique.

Relation logique	Connecteur logique
Cause	car – en effet – car
Conséquence	ainsi
Opposition	or – mais – mais

4 Tout est prison autour de moi ; en effet, je trouve la prison sous toutes les formes, sous la forme humaine comme sous la forme de grille ou de verrou. Ce mur d'abord, c'est de la prison en pierre ; cette porte ensuite, de la prison en bois ; ces guichetiers enfin, c'est de la prison en chair et en os. La prison est une espèce d'être horrible, complet, indivisible, moitié maison, moitié homme. Or je suis sa proie, elle me couve, elle m'enlace de tous ses replis. C'est pourquoi elle m'enferme dans ses murailles de granit, me cadenasse sous ses serrures de fer, et me surveille avec ses yeux de geôlier.

EXPLICATION
Le choix d'autres connecteurs est possible. Cependant il est nécessaire de respecter la cohérence logique du texte : *en effet* par exemple peut être remplacé par *car* ou par un autre mot, mais ce mot doit rendre compte du lien de cause qui unit les phrases.

39 Le texte argumentatif

1 ☒ La notion de « beau » est très relative.

2 Mesdames et messieurs les jurés, vous devez aujourd'hui juger cette femme. Ce que j'ai à vous dire est simple : si elle a bien commis un vol, elle n'en est pas moins une victime, car la véritable coupable est la société ! [En effet, personne ne naît voleur ou assassin, mais le devient, à force de souffrances.] Le grand Victor Hugo a dit : « Tel a assassiné sur les grands routes qui, mieux dirigé, eût été le plus excellent serviteur de la société. » Que penser alors de cette pauvre femme qui, voyant son enfant grelottant de froid, a mis sa propre liberté en péril pour le secourir ?
1. Un avocat.
2. « Ce que j'ai à vous dire est simple »
3. Voir ci-dessus.
4. Un argument d'autorité.
5. La pitié.

EXPLICATION
Ce type de discours s'appelle une plaidoirie. L'avocat cherche à convaincre son auditoire par tous les moyens possibles et utilise donc différents types d'arguments.

3 **1.** Robert Badinter (ministre de la Justice de 1981 à 1986).
2. Aux députés de l'Assemblée nationale.
3. Robert Badinter prononce un discours à l'Assemblée nationale, alors que le gouvernement en place propose une réforme de la justice.
4. Convaincre les députés de voter l'abolition de la peine de mort.
5. Sur une anaphore.
6. Un oxymore.

EXPLICATION
L'anaphore (*Demain...*) contribue à créer une tension, qui progresse jusqu'à la phrase finale : « *Demain, vous voterez l'abolition de la peine de mort.* »
L'oxymore (*une justice qui tue*) a ici une visée argumentative et fait apparaître la contradiction entre l'idée de justice et le fait de donner la mort.

4 1. En premier lieu, l'école permet de s'initier aux règles de vie en société.
3. Par ailleurs, l'école transmet de nombreux savoirs.
4. Les différentes matières enseignées – maths, français, sciences, histoire, géographie, langues – sont l'occasion d'acquérir des connaissances diversifiées.
5. Enfin, les compétences générales acquises à l'école sont indispensables.
2. Les élèves apprennent à respecter les autres, à écouter et à prendre la parole de manière constructive.
6. Parmi elles, la curiosité et l'esprit critique facilitent l'adaptation à un monde toujours en évolution.
1. Voir ci-dessus.
2. Aller à l'école est utile et indispensable.

40 L'image argumentative

1 **1.** Une affiche.
2. Tout le monde.
3. Un micro.
4. Un homme et une femme.
5. De la gaieté, une ambiance de fête.
6. La date et la nature de la fête.
7. ❑ froideur ☒ joie ❑ confort ❑ tristesse ❑ énervement ❑ angoisse ❑ indépendance ❑ stress ☒ mouvement ❑ effort ❑ contrainte ❑ souplesse ❑ morosité ❑ gaieté ❑ ennui ❑ stabilité ❑ clarté ☒ enthousiasme ❑ mélancolie

2 **1.** Qui est l'émetteur de ce document ?
Le gouvernement (pour la Sécurité routière).
2. Qui est le destinataire ? Les conducteurs de voiture.
3. Où le personnage de la photo se trouve-t-il ?
Au volant d'une voiture qui roule.
4. Que fait le personnage de la photo ? Il téléphone.
5. Quelle est la particularité du personnage ?
Il n'a pas de tête.

EXPLICATION
Le personnage ne voit pas la route, on peut dire qu'il n'y a pas de conducteur à proprement parler dans cette voiture.

3 **1.** Combien de phrases composent le message verbal ? Deux phrases.
2. Où le message verbal est-il placé ? Au bas de l'image.
3. Quel mot est répété deux fois dans le message ?
Le mot *téléphoner*.
4. Quel est le but recherché par cette affiche ?
Faire prendre conscience du danger que représente la personne qui téléphone pour elle-même et pour les autres.

4 Le téléphone au volant est un danger : le conducteur n'est plus attentif, c'est exactement comme s'il n'était pas là.

Vers le Brevet

1 Le condamné

QUESTIONS

1. Ce texte évoque le parcours d'un prisonnier que ses gardes viennent chercher pour le conduire de sa cellule à la salle des assises. On comprend cette situation grâce au champ lexical de l'univers carcéral : « le geôlier », « les deux gendarmes », « la cellule », « les menottes », « les murs [...] de la prison », « armes », « soldats », « fers ».
2. Lorsqu'il lève la tête, le narrateur s'aperçoit qu'il fait un temps magnifique : les rayons du soleil et la clarté du jour contrastent avec les « murs hauts et sombres de la prison ». Le prisonnier est comme surpris que le ciel soit si clair alors que sa situation est désespérée.
3. a. Il s'agit d'une personnification : les objets semblent être doués de vie et se mouvoir tout seuls.
b. Cette figure de style est utilisée pour montrer que

le narrateur ne perçoit pas distinctement les gens qui l'attendent dans la salle des assises, que c'est une foule anonyme, déshumanisée, qui est venue assister à sa condamnation.

4. Le pronom *il* reprend le groupe nominal *le tumulte*. Jusqu'à son arrivée dans la salle, le narrateur s'est laissé conduire sans réagir ; il n'a eu que des impressions fugitives, des sensations physiques (l'air frais sur son visage, puis le souffle chaud de la foule, les bruits de la salle). Quand enfin le bruit cesse, il semble revenir à lui et prend conscience de ce qui l'attend : la peine de mort.

5. En décrivant le long cheminement du narrateur, Victor Hugo veut montrer la dureté du système carcéral et les souffrances – physiques et morales – qu'endurent les prisonniers. Il dépeint ici un personnage qui se comporte comme un automate (« une machine »), puis une foule qui ne semble pas composée d'êtres humains mais de marionnettes effrayantes (« les fils qui faisaient mouvoir toutes ces faces béantes et penchées »), renforçant ainsi le propos général de son livre : la peine de mort est inhumaine, quels que soient les crimes qui ont pu être commis ; ce n'est pas se comporter en être humain que de pratiquer cette forme de justice.

6. Le peintre représente la prison comme une masse noire et écrasante qui se détache sur le fond du tableau. Autour du bâtiment, l'utilisation d'un blanc beige lumineux pour peindre le ciel renforce cette impression.

7. Tout comme la foule de la salle des assises évoquée par Victor Hugo, Solana peint l'attroupement des soldats et des badauds venus assister en masse aux exécutions des condamnés. Le chemin qui, sur le tableau, descend de la prison à la potence où les coupables sont pendus rappelle le long parcours du prisonnier dans le texte.

8. a. Les deux temps majoritairement utilisés dans ce récit sont le passé simple et l'imparfait.

b. L'imparfait est employé pour décrire l'atmosphère qui baigne la scène (« le ciel était bleu » ; « les rayons du soleil [...] traçaient de grands angles de lumière » ; « il faisait beau » ; « c'était le souffle de la foule ») et les sensations du narrateur (« mes dents claquaient, mes mains tremblaient et ne savaient où trouver mes vêtements, mes jambes étaient faibles » ; « il me semblait » ; « j'étais le centre » ; « j'étais parvenu » ; « j'étais là »). Le passé simple est employé pour évoquer les actions successives du narrateur qui sont autant d'étapes dans sa marche vers la sentence et qui forment le premier plan du récit (« je me levai », « je fis », « je trébuchai », « je suivis », « nous traversâmes », « l'air me ranima », « nous montâmes », « nous passâmes », « une porte s'ouvrit », etc.).

9. Le terme *sommet* est un synonyme du mot *faîte*.

10. En cet instant, il s'aperçoit qu'il est sans chaîne ; mais il ne peut se rappeler ni où ni quand on la lui a ôtée.

DICTÉE

Tout à coup l'un des valets m'a enlevé ma veste, et l'autre a pris mes deux mains qui pendaient, les a ramenées derrière mon dos, et j'ai senti les nœuds d'une corde se rouler lentement autour de mes poignets rapprochés. En même temps, l'autre détachait ma cravate. Ma chemise de batiste, seul lambeau qui me restât du moi d'autrefois, l'a fait en quelque sorte hésiter un moment ; puis il s'est mis à en couper le col.

À cette précaution horrible, au saisissement de l'acier qui touchait mon cou, mes coudes ont tressailli, et j'ai laissé échapper un rugissement étouffé. La main de l'exécuteur a tremblé.

Victor Hugo, *Le Dernier Jour d'un condamné*, 1829.

TRAVAIL D'ÉCRITURE

Voici quelques pistes pour traiter ces deux sujets.

Sujet A. En rédigeant au passé simple et à l'imparfait, raconte, à la 1re personne, que tu es venu assister, au tribunal des assises, à la condamnation à mort d'un homme qui a commis un meurtre. Décris la salle où tu attends : les gens de justice (avocats, juges) ; les soldats ; la foule des gens ordinaires venus entendre la sentence. Raconte ensuite l'arrivée du condamné : son aspect physique (il est vraisemblablement maigre et abattu, il boite peut-être car ses jambes le font souffrir, son visage exprime la douleur et le désespoir). Enfin, évoque les sentiments que tu ressens à sa vue : la colère contre un monstre qui a commis un crime ? La compassion devant l'état pitoyable du condamné qui reste, malgré tout, un être humain ?

Sujet B. Ce sujet t'invite à rédiger un plaidoyer contre la peine de mort. Tu peux commencer par évoquer les arguments opposés à cette thèse que l'on entend parfois :

– même si ce n'est plus le cas en France depuis 1981, certains pays dans le monde appliquent encore la peine de mort (certains États des États-Unis, par exemple) ;
– face à un crime révoltant et odieux, le désir de châtier le coupable, de se venger de ce qu'il a fait subir à des innocents peut être très fort ;
– la menace de la peine de mort doit faire peur aux criminels et les décourager de commettre leurs crimes.
Conteste ensuite ces arguments, en mettant en avant que :
– la justice humaine peut s'exercer sans forcément rendre coup pour coup ;
– un homme n'est pas criminel à vie. Il peut se racheter, se repentir de son crime. Quand il a purgé sa peine, il peut avoir évolué, et on doit lui permettre de se réinsérer socialement, avec, s'il le faut, une période de mise à l'essai ;
– l'erreur judiciaire existe, de nombreux condamnés clament leur innocence ; avec la peine de mort, il est impossible pour la justice de réhabiliter quelqu'un, de revenir en arrière.

2 Un devoir de mémoire

QUESTIONS

1. L'expression « tout ce que j'avais vu et vécu moi-même » montre qu'Ida Grinspan a été le témoin direct des événements qu'elle raconte dans son livre. Pour les jeunes générations, c'est de l'histoire mais pour elle, ce sont des « souvenirs ». La sombre période du xxe siècle qu'elle évoque est celle de la « guerre » (la Seconde Guerre mondiale, de 1939 à 1945), du « nazisme » et de la Shoah (l'extermination des Juifs dans des camps de concentration comme « Auschwitz »). Elle compare par ailleurs cette période à d'autres événements : « les massacres au Cambodge et au Rwanda ».

2. Malgré les encouragements de sa fille, Ida n'a pas écrit plus tôt car elle craignait de se remémorer ce traumatisme, ces souvenirs très douloureux : « Je prévoyais qu'il serait douloureux de revivre certains souvenirs que j'avais enfouis ». C'est la mort de Wanda, une infirmière polonaise qui l'a sauvée en la soignant du typhus, qui la pousse à écrire : son témoignage est comme le « merci » qu'elle n'a pas eu le temps de lui dire. Elle sent qu'elle a une dette envers elle.

3. En constatant, de nombreuses années après la Shoah, que les hommes continuent à exterminer d'autres hommes uniquement parce qu'ils sont d'une autre ethnie ou d'un autre peuple (« parce qu'ils étaient nés »), Ida se rend compte que « la leçon d'Auschwitz n'[a] pas été tirée ». Elle cite les exemples du Cambodge (massacre perpétré par le régime des Khmers rouges dans les années 1970) et du Rwanda (massacre de l'ethnie des Tutsis par les Hutus en 1994).

4. a. La figure de style utilisée est l'accumulation : l'auteur énumère toutes les souffrances subies en accumulant les verbes à l'infinitif : « n'être qu'un numéro », « ne rien posséder », « avoir constamment faim », « être épuisée », « craindre le pire »...

b. Ces verbes à l'infinitif, ajoutés aux participes passés « épuisée », « battue », soulignent la déshumanisation dont sont victimes les prisonniers des camps et leur état de souffrance permanente. Ils ne sont plus acteurs de leur vie, ils ne décident plus de rien, ils ne peuvent que subir.

5. Par son témoignage, Ida veut rappeler aux jeunes générations que les hommes sont capables du pire et ne tirent pas toujours les leçons de l'histoire (« pour qu'ils sachent ce que des hommes ont été capables de faire à d'autres hommes »). Elle veut aussi les inciter à aimer la liberté plus que tout et à être vigilants face aux « tentations totalitaires », c'est-à-dire à ne pas se laisser séduire par des discours qui appellent à la haine de l'autre et visent à imposer la domination d'un groupe d'hommes sur les autres hommes.

6. Ida met en avant la chance qu'ont les jeunes, en France, de vivre en démocratie et en république, régime politique dont les valeurs – liberté de pensée, de parole et d'action – sont des trésors dont il faut être conscient et pour lesquels il faut lutter lorsqu'ils sont menacés.

7. L'installation de C. Boltanski que l'on voit sur cette photo est une impressionnante pyramide, de plusieurs mètres de haut, uniquement constituée de vêtements. Symboliquement, l'artiste veut ainsi montrer le nombre considérable de personnes exterminées par le régime nazi (près de 6 millions). Comme les vêtements, les morts sont si nombreux qu'on ne peut plus les compter.

8. Le nom de l'installation, *Personnes* (au pluriel) a un double sens :
– les victimes de la Shoah ont été réduites à n'être plus *personne*, à n'être rien d'autre que des vêtements vides de corps ; en d'autres termes, elles ont été déshumanisées, ce qui rejoint le propos d'Ida Grispan dans le texte ;

– mais ces millions de morts étaient aussi des êtres humains, des *personnes* qui avaient une identité, une vie, un passé.

9. Le verbe *aie* est conjugué au subjonctif, qui est le mode employé dans une subordonnée introduite par *sans que* (« sans que j'aie eu le temps »). Si l'auteur emploie cette tournure, c'est justement pour montrer qu'elle *aurait pu* faire ses adieux à Wanda, mais qu'elle ne l'a malheureusement pas fait : le subjonctif est, entre autres, le mode qui permet d'exprimer l'éventuel, le non-réalisé, les regrets.

10. Le mot *déshumanisation* est formé du préfixe négatif *dés-*, du radical *-humanis-* qui désigne l'homme, et du suffixe *-ation* qui exprime une action. Parmi les mots de la même famille, on peut citer : *humain, homme, déshumaniser, humanité.*

11. Elle juge nécessaire de raconter tout ce qu'elle a vu et vécu elle-même. Sa fille l'encourage sans cesse, mais elle remet à plus tard. Elle prévoit qu'il sera douloureux de revivre certains souvenirs qu'elle a enfouis.

DICTÉE

« Si nous ralentissons le pas, les coups de crosse pleuvent. Celles qui tombent sont abattues. Le talus de la petite route est jonché de cadavres. [...] Au bout de soixante-dix kilomètres parcourus en trois jours et trois nuits, nous sommes arrivées dans une ville dont le nom m'a échappé. [...] C'est là qu'on nous fait monter dans des wagons à plateforme, découverts, et qui servent probablement au transport du charbon. [...] Seul intérêt du manque de toit : pendant le trajet d'au moins deux jours vers Ravensbrück, nous n'avons rien à manger, nous devons nous contenter d'ouvrir la bouche pour happer des flocons de neige. »

Ida Grinspan et Bertrand Poirot-Delpech, *J'ai pas pleuré*, p. 116-117 © Robert Laffont, 2002.

TRAVAIL D'ÉCRITURE

Voici quelques pistes pour traiter ces deux sujets.

Sujet A. En rédigeant au passé composé et à l'imparfait, raconte, à la 1re personne, un événement qui t'a marqué. Cet épisode de ta vie n'est pas nécessairement tragique (comme dans le texte), il peut aussi s'agir de quelque chose d'émouvant, d'une grande joie, d'un moment où tu as vécu quelque chose d'important pour ta famille ou dans ta vie, etc. Quelques exemples pour t'aider : l'arrivée d'un frère ou d'une sœur, le fait d'assister à un grand événement sportif ou culturel, un voyage qui t'a marqué, une rencontre (un professeur, un coach, un ami), un moment où tu t'es dépassé et qui t'a appris quelque chose (une peur surmontée, une victoire dans un match ou une compétition, etc.) Pense à bien expliquer pourquoi c'est important pour toi : parle de ce que tu as ressenti, de ce que tu as compris, montre en quoi cet événement t'a changé.

Sujet B. Commence par détailler tous les moyens dont on dispose aujourd'hui pour savoir ce qui s'est passé au cours de l'histoire du XXe siècle et essayer d'en tirer les leçons :
– des gens, comme Ida Grinspan, ont témoigné en publiant des livres, des interviews ;
– on dispose de documents audiovisuels sur cette époque (photographies, films) ;
– des musées y consacrent des expositions ;
– des nombreux personnages publics (écrivains, penseurs, philosophes, hommes politiques, artistes, historiens, etc.) ont pris la parole pour essayer d'analyser les événements ou simplement de « montrer » l'horreur des crimes nazis ;
– en France, cette période figure dans les programmes d'histoire tout au long de la scolarité d'un élève ; les enseignants sont là eux aussi pour transmettre cette mémoire, éduquer à la citoyenneté et au respect de l'autre, montrer l'importance des libertés fondamentales.

Montre que, malgré ces moyens d'information et cette volonté de transmettre, les hommes ne sont jamais à l'abri de refaire les mêmes erreurs :
– le goût du pouvoir ou de l'argent prend parfois le dessus et entraîne certains à commettre des crimes ;
– la peur de l'autre et la misère peuvent pousser les gens à chercher des coupables, des cibles faciles qu'ils rendent responsables de leurs problèmes ;
– le besoin de sécurité peut conduire à s'en remettre à un gouvernement totalitaire qui prétend pouvoir protéger la population si celle-ci renonce à sa liberté et adhère à ses idées.

Faut-il pour autant renoncer ? Se dire que c'est inévitable ? Conclus ta rédaction en montrant que, bien au contraire, c'est à cause de ces risques de dérive qu'une information libre et authentique sur ce qui se passe dans le monde est essentielle et que, comme Ida Grinspan nous y invite, il ne faut jamais cesser d'être vigilant.

3 « Je vous salue... »

QUESTIONS

1. Les êtres démunis qui vivent dans cette ville sont broyés par elle. Alors que les buildings, eux, s'élèvent vers le ciel, les hommes sont terrassés : ils rampent, ils portent un « fardeau » si « lourd » qu'ils sont comme attachés au sol (« vous lie à cette terre »), ils sont « écras[és] sous les tonnes de béton et d'asphalte fumant ». Contre-nature, la ville sépare ceux qui auraient dû rester ensemble (« qui n'enfante des jumeaux que pour les séparer ») : alors qu'ils sont tous frères, les hommes ne subissent pas le même sort, les uns échouant dans les poubelles, tandis que les autres vivent dans de hauts immeubles.

2. a. Le pronom « vous » désigne et regroupe tous ces pauvres gens que le début du poème énumère : « les fouilleurs de poubelles », « les infirmes », « les borgnes », « les hommes rampants », « les maraudeurs ». Même les enfants ne font pas exception : « les gamins des taudis ».

b. Cette figure de style est une anaphore : elle consiste à reprendre, en début de vers, plusieurs fois le même mot. Elle produit un effet d'insistance et rythme le poème.

3. Les vers 21 et 22 sont construits sur un enjambement : « vous les mangeurs / de restes ». Par ce procédé poétique, l'auteur brise le rythme du poème : le vers est coupé et passe à la ligne, interrompant la lecture et rendant l'émotion plus forte.

4. L'horizon symbolise l'avenir et celui-ci ne vaut pas mieux que le présent pour les miséreux du poème. Alors qu'ils survivent péniblement sur une « terre frigide », celle qui les attend, au contraire, brûle. Les hommes ont dévasté la terre sur laquelle ils vivaient et, même quand ils portent leur regard plus loin, vers l'horizon, rien de bon ne les y attend. Le poème se termine donc sur une note très pessimiste.

5. En employant des mots très durs, très crus (« moignons », « fouilleurs de poubelle », « mangeurs de restes »), Véronique Tadjo veut secouer le lecteur, lui montrer ce que, d'ordinaire, il ne veut pas voir. Elle veut le choquer et le faire réagir pour qu'il s'indigne de la situation des plus pauvres. C'est donc un poème très engagé, un poème de révolte où elle dit « je » pour montrer toute la force de sa propre conviction et rendre hommage à ceux qui sont laissés pour compte (« je vous salue »).

6. Dans ce tableau, ce ne sont pas les hommes mais les bâtiments de la ville qui dominent. Le regard est attiré par les murs jaunes des maisons, et les personnages paraissent minuscules. Même si les couleurs sont plutôt joyeuses et lumineuses, le quartier semble pauvre : la rue principale est un chemin de terre parsemé de pierres, la barrière est un peu délabrée.

7. On perçoit sur cette peinture l'extrême sécheresse et l'aridité du sol. La terre n'est pas hospitalière, ce que l'on peut rapprocher, dans le poème de Véronique Tadjo, de l'expression « terre frigide ».

8. De nombreux termes relèvent du champ lexical de la misère : « fouilleurs de poubelles », « crasseux », « maraudeurs », « taudis », « mangeurs de reste », « sans-logis », « sans-abri ». Ils sont accompagnés par un champ lexical de la souffrance et du handicap physique : « infirmes », « moignon », « borgnes », « rampants », « plaies ».

9. L'adjectif *immonde* est formé du préfixe négatif *im-* et du radical *monde*. Il est particulièrement bien choisi car il peut être compris de deux manières différentes :
- ce monde est *immonde* car il est sale, répugnant ; c'est le monde des poubelles et des restes ;
- ce monde est *immonde* car ce n'est même plus un monde, c'est un *non-monde*, aucun être humain ne pouvant vivre de cette façon.

10. Je demandais quelle puissance les liait à cette terre frigide qui n'enfantait des jumeaux que pour les séparer, quel regard elles portaient sur l'horizon en feu.

DICTÉE

Cosette était maigre et blême. Elle avait près de huit ans, on lui en eût donné à peine six. Ses grands yeux enfoncés dans une sorte d'ombre étaient presque éteints à force d'avoir pleuré. [...] Comme elle grelottait toujours, elle avait pris l'habitude de serrer ses deux genoux l'un contre l'autre. Tout son vêtement n'était qu'un haillon qui eût fait pitié l'été et qui faisait horreur l'hiver. Elle n'avait sur elle que de la toile trouée ; pas un chiffon de laine. [...] Ses jambes nues étaient rouges et grêles. Le creux de ses clavicules était à faire pleurer. Toute la personne de cette enfant, son allure, son attitude, le son de sa voix, ses intervalles entre un mot et l'autre, son regard, son silence, son moindre geste exprimaient et traduisaient une seule idée : la crainte.

Victor Hugo, *Les Misérables*, 1862.

TRAVAIL D'ÉCRITURE

Voici quelques pistes pour traiter ces deux sujets.

Sujet A. Rédige ton texte à la 1re personne du singulier. Décris la ville dans laquelle tu t'es rendu pour faire ce reportage en t'inspirant des éléments fournis par le poème : d'écrasants buildings dominent de toute leur hauteur des rues pauvres et sales, à l'image des bidonvilles qui existent encore dans de nombreux pays du monde (maisons faites de tôle et autres matériaux de fortune). De pauvres gens errent dans la ville, maigres et affamés, cherchant de quoi manger dans les poubelles des autres. Aucun n'a la possibilité de se soigner, donc la plupart sont malades, éclopés, borgnes...

Utilise ensuite cette description pour dénoncer les inégalités qui existent dans ce monde où, dans un même pays, dans une même ville, des gens très fortunés peuvent côtoyer au quotidien des personnes très pauvres, tout en les ignorant totalement.

Sujet B. Commence par évoquer ce qui peut provoquer des sentiments négatifs à l'égard des sans-abri, qui explique parfois le manque de solidarité des gens et que tu as peut-être ressenti :

- chacun est occupé par ses propres affaires et ne se rend pas compte de ce que vivent les autres, en particulier en milieu urbain où l'anonymat règne ;
- être conscient du malheur d'autrui peut s'avérer très douloureux ; en restant indifférents, certains se protègent contre des sentiments trop violents ;
- les personnes qui vivent dans la rue ont souvent du mal à se soigner, à rester propres et « présentables » aux yeux des autres, ce qui entraîne parfois des réactions de dégoût ;
- la peur peut aussi expliquer le rejet : celui qui n'est pas comme nous nous effraie ; les personnes qui manquent de tout ne peuvent-elles pas devenir violentes pour s'emparer de ce dont elles ont envie ?

Développe ensuite les arguments opposés, en faveur de la compassion et de l'entraide qui sont nécessaires pour que la société puisse fonctionner :

- les personnes qui vivent dans la rue ne l'ont pas choisi ; elles ne sont ni paresseuses, ni forcément ivres ou droguées ; les accidents de la vie peuvent expliquer bien des situations de détresse et, tout le monde, un jour ou l'autre, peut en arriver là ;
- la pitié est le sentiment humain par excellence : se préoccuper du sort d'autrui et de son bien-être est ce qui fait notre dignité d'homme ;
- la solidarité est essentielle pour préserver l'humanité ; il y a assez de richesses sur la Terre pour que tous puissent avoir un toit et de quoi manger ; il est important d'en prendre conscience ;
- consacrer sa vie à soulager la misère humaine n'est pas à la portée de tout le monde ; pourtant, chacun, en donnant un peu de ce qu'il a, en ne jetant pas les objets devenus inutiles ou à peine usagés, en partageant de la nourriture ou un logement, en rejoignant une association humanitaire, peut contribuer, à son échelle, à améliorer le sort des plus démunis.

4 « Comme dans un rêve... »

QUESTIONS

1. a. Les verbes *promènerait* et *entendrait* sont conjugués au conditionnel présent. L'emploi du conditionnel – qui est le mode de l'irréel – se justifie par le fait que Meaulnes imagine la scène qui pourrait se produire : elle n'a pas réellement lieu. Dans l'atmosphère silencieuse qui l'entoure, il laisse ainsi la rêverie le gagner au gré des lents remous du bateau.

b. Cette impression d'irréalité est renforcée par d'autres expressions : « on eût pu se croire au cœur de l'été » (alors que la fête a lieu au mois de décembre), « cette étrange fête ». Par ces procédés, l'auteur souligne la magie et le mystère de cette première rencontre.

2. Au début du texte, Meaulnes se retrouve sur le même bateau que la jeune fille « sans savoir comment » ; à la fin, il se retrouve à ses côtés « sans avoir le temps de réfléchir ». Ces deux expressions se répondent, donnant au lecteur l'impression que le jeune homme est irrésistiblement attiré par Yvonne de Galais, dont il se rapproche de plus en plus jusqu'à pouvoir lui parler.

3. L'événement qui provoque cet émoi est, pour Meaulnes, le fait de se retrouver juste à côté de la jeune fille, si près de son visage qu'il peut distinguer un reste de poudre sur sa joue. « Il avait eu très près du sien le visage désormais perdu de la jeune fille. »

4. Il s'agit d'une comparaison, introduite par le mot *comme*.

5. Ce texte raconte un coup de foudre au premier regard. On peut y relever quelques caractéristiques typiques de la rencontre amoureuse en littérature :

- les héros sont jeunes et purs ;

– la jeune fille est décrite à travers le regard du jeune homme, qui est séduit par chacun de ses traits (« ses yeux bleus », « sa lèvre », « son profil si pur ») ;
– dès qu'ils s'aperçoivent, ils sentent entre eux une irrésistible attraction et ne peuvent s'empêcher de se regarder (il la regarde, elle le regarde) ;
– ils ont immédiatement des sentiments l'un pour l'autre, ils ressentent une émotion intense (« avec quel émoi » ; « s'emplir de larmes ») ;
– la scène semble magique, irréelle.

6. Sur cette image extraite du film de Jean-Daniel Verhaeghe, Yvonne de Galais et Augustin Meaulnes sont de profil et se regardent. Elle est debout et se tient très droite, avec beaucoup de noblesse et de grâce, impression renforcée par la longue robe qui descend jusqu'à ses pieds et ses longs cheveux qui lui descendent dans le dos. Elle baisse le regard vers Meaulnes et lui tend la main. De son côté, Augustin est agenouillé devant la jeune fille. Il lève vers elle un regard intense et lui baise la main.

7. L'attitude de Meaulnes sur cette image est pleine de ferveur et de passion (genou à terre, baisemain). Cela rappelle l'émoi qu'il ressent dans le texte lorsqu'il contemple le visage d'Yvonne. En outre, sur cette image comme dans le texte, les sentiments passent avant tout par le regard.

8. Si les deux jeunes gens ne s'échangent que peu de paroles dans cet extrait, c'est en revanche par le regard qu'ils font connaissance et s'intéressent l'un à l'autre. Tout le texte est marqué par ce champ lexical du regard : « il put regarder à l'aise », « elle aussi le regardait », « posait doucement ses yeux bleus sur lui », « Il avait regardé ce profil », « de tous ses yeux », « il se rappelait avoir vu ».

9. Le nom *émotion* et le verbe *émouvoir* sont de la même famille que le mot *émoi*.

10. Sans savoir comment, je me retrouvai dans le même yacht que les jeunes châtelaines. Je m'accoudai sur le pont, tenant d'une main mon chapeau battu par le grand vent, et je pus regarder à l'aise les jeunes filles, qui s'étaient assises à l'abri.

DICTÉE

Ils arrivaient en vue de l'embarcadère. Elle s'arrêta soudain et dit pensivement : « Nous sommes deux enfants ; nous avons fait une folie. Il ne faut pas que nous montions cette fois dans le même bateau. Adieu, ne me suivez pas. »

Meaulnes resta un instant interdit, la regardant partir. Puis il se reprit à marcher. Et alors la jeune fille, dans le lointain, au moment de se perdre à nouveau dans la foule des invités, s'arrêta et, se tournant vers lui, pour la première fois le regarda longuement. Était-ce pour lui défendre de l'accompagner ? Ou peut-être avait-elle quelque chose encore à lui dire ?

Alain-Fournier, *Le Grand Meaulnes*, 1913.

TRAVAIL D'ÉCRITURE

Voici quelques pistes pour traiter ces deux sujets.

Sujet A. Rédige ton texte à la 1re personne du singulier. Commence par décrire la scène de la rencontre (où ? quand ? qui est-ce ?). Il peut s'agir d'un coup de foudre amoureux, mais aussi d'un autre type de rencontre : une amitié qui est née dès les premières minutes, la rencontre avec quelqu'un de plus âgé qui est devenu un modèle pour toi et qui t'a inspiré, la rencontre avec un artiste ou un sportif, etc. N'oublie pas de donner tes impressions, d'évoquer tes sentiments sur le moment, puis de décrire ce que tu éprouves aujourd'hui (admiration, fierté, passion, confiance, joie, etc.). Que t'a apporté cette rencontre ? Qu'a-t-elle changé dans ta vie ?

Sujet B. Présente ton texte sous la forme d'un dialogue entre deux interlocuteurs (n'oublie pas d'employer la ponctuation propre au dialogue : guillemets, tirets, retours à la ligne entre chaque réplique). Cherche des arguments pour étayer chaque point de vue.

Exemples d'arguments en faveur du coup de foudre :
– si les livres et les films nous montrent tant de coups de foudre, c'est qu'ils reflètent une réalité, même s'ils l'enjolivent ;
– le coup de foudre est la plus belle façon de tomber amoureux ; à la minute où deux personnes se rencontrent, elles savent qu'elles sont faites l'une pour l'autre ; cette magie ne s'explique pas, certes, mais pourquoi faudrait-il toujours avoir une explication pour tout ? Que vient faire la raison dans l'amour ?

– seul le coup de foudre permet d'expliquer que deux personnes très différentes, qui n'ont pas forcément la même éducation, n'apprécient pas les mêmes choses, n'ont pas les mêmes attentes dans la vie, puissent s'aimer très fort malgré tout.

Exemples de contre-arguments :

– le coup de foudre n'existe pas ou, s'il existe, ce n'est pas le véritable amour, mais quelque chose d'éphémère, qui disparaît aussi vite qu'il est apparu et ne repose pas sur des sentiments profonds ;

– pour aimer vraiment et durablement quelqu'un, il faut du temps, il faut y mettre du sien ; rien n'est plus beau qu'un amour construit jour après jour par deux personnes qui apprennent peu à peu à se connaître, à aimer les qualités de l'autre aussi bien que ses défauts ;

– une passion trop violente peut être destructrice et faire du mal à celui ou celle que l'on prétend aimer.

Des livres à conseiller à votre enfant

INFOS PARENTS

▸ Quand on est parent, on se demande souvent quelles lectures on pourrait proposer à son enfant. L'idéal est de faire alterner lecture « détente » et lecture « culture ».

▸ Les titres que nous avons choisis ci-dessous sont ainsi classés dans deux catégories. Mais lire des livres en lien avec le programme de 3e peut aussi procurer du plaisir !

Lire pour le plaisir

1. Pour les amateurs de *fantasy*

Le Seigneur des anneaux de **J.R.R. Tolkien**, 1954

© Gallimard jeunesse, 2007

Frodon Sacquet, un hobbit, a hérité de l'Anneau Unique au pouvoir absolu, perdu par son créateur, Sauron. Pour éviter que celui-ci ne le récupère et devienne le maître de la Terre du Milieu, Frodon doit détruire l'Anneau en le jetant dans la lave de la Crevasse du Destin où il a été forgé... Une œuvre inspirée de l'univers merveilleux de la littérature médiévale, fondatrice de la littérature de *fantasy*.

L'Autre de **Pierre Bottero**, 2006-2007

© Rageot poche, 2009

Dans cette trilogie, l'Autre, incarnation du Mal absolu, est l'ennemi que Natan, doué de pouvoirs surhumains, va chercher à vaincre après l'explosion de sa maison et la perte de ses parents. L'autre sera-t-il vaincu, et la Paix rétablie ? Un roman palpitant.

2. Pour les amateurs de romans post-apocalyptiques

Les Derniers Hommes de **Pierre Bordage**, 1999-2000

Un siècle après la Troisième Guerre mondiale, l'Europe est dévastée par toutes sortes de pollutions. Les rares ressources restantes sont partagées par quelques groupes nomades qui subsistent grâce au peuple Aquariote, seul capable de trouver de l'eau saine. Grâce à son don de clairvoyance, Solman le boiteux voudrait empêcher l'Apocalypse qui menace les derniers hommes.

La Route de **Cormac McCarthy**, 2006

© Points, 2009

Au milieu d'un monde dévasté par un cataclysme inconnu, un père et son fils prennent la route vers la mer pour fuir le froid des hautes montagnes. N'ayant pour seules ressources que les objets qu'ils ont entassés dans leur caddie, ils doivent survivre, malgré la faim, la soif et la barbarie des survivants.

3. Pour les amateurs de récits historiques

Le Comte de Monte-Cristo d'**Alexandre Dumas**, 1844

© Hatier, 2014

En 1815, un jeune capitaine de vaisseau est injustement jeté en prison. Au bout de quatorze ans d'enfermement, enfin libre et devenu riche sous le nom de comte de Monte-Cristo, il n'a qu'un but : se venger... Sans doute le plus beau roman-feuilleton d'Alexandre Dumas.

Au revoir là-haut de **Pierre Lemaître**, 2013

© Albin Michel, 2013

Après la Grande Guerre, deux anciens poilus, traumatisés par l'expérience des tranchées, vivent à la marge de la société. Défiguré par un éclat d'obus, Édouard souffre et se cache ; Albert lui apporte son aide. Un jour, ils se lancent dans une escroquerie consistant à vendre de faux projets de monuments aux morts à des municipalités prêtes à dépenser des sommes faramineuses pour rendre hommage aux soldats tombés au front.

Lire pour le brevet

1. Agir pour la société

Antigone de **Jean Anouilh**, 1944

© La Table ronde, 2017

En choisissant d'offrir une sépulture à son frère rebelle, Antigone a décidé d'obéir à la loi des dieux, non à celle des hommes. Son entêtement la mène à la mort. Écrite pendant la guerre, la pièce d'Anouilh actualise et humanise le mythe antique dont elle s'inspire.

La Peste d'**Albert Camus**, 1947

Dans les années 1940, une épidémie de peste se répand à Oran, en Algérie. Comme celles de tous les habitants, la vie du docteur Rieux est bouleversée par ce fléau. Dans la ville coupée du reste du monde, il s'efforce de lutter contre les ravages de la maladie. Un grand roman humaniste qui évoque de manière allégorique la résistance européenne contre le nazisme.

2. Se raconter, se représenter

Journal d'**Anne Franck**, 1947

© Le Livre de poche, 2017

Anne Franck, jeune juive allemande, écrit son journal de 1942 à 1944, alors qu'elle doit rester cachée avec sa famille à Amsterdam au cours de l'occupation des Pays-Bas par l'Allemagne nazie…

La Promesse de l'aube de **Romain Gary**, 1960

L'auteur retrace sa jeunesse auprès de sa mère, ancienne actrice russe, portée par une foi inconditionnelle en son fils. Tandis qu'elle déploie une énergie extravagante pour qu'il connaisse un destin grandiose, Romain est prêt à tout pour faire coïncider sa vie « avec le rêve naïf de celle qu'il aime », et devient un héros de guerre et un écrivain.
Récit adapté en BD par Joann Sfar (Futuropolis, 2014).

Un secret de **Philippe Grimbert**, 2004

Enfant, le narrateur s'est inventé un frère… Plus beau, plus grand, plus fort que lui, un frère qui ferait la fierté de sa famille, contrairement à lui, fragile et effacé. Alors qu'il a quinze ans, Louise, une amie de la famille, lui révèle un terrible secret, qui a façonné sa vie et celle de ses proches…

3. Dénoncer les travers de la société

Bel-Ami de **Guy de Maupassant**, 1885 (en version abrégée, Hatier, « Œuvres & thèmes », 2018)

© Hatier, 2018

Georges Duroy arrive à Paris sans argent, mais il est bel homme et prêt à tout pour réussir et se faire une place dans le milieu du journalisme et les cercles influents. À travers ce personnage, Maupassant livre une peinture féroce de la société parisienne de la fin du XIXe siècle.

Le K de **Dino Buzzati**, 1967

© Pocket, 2004

« Le K » est le titre de la première nouvelle d'un recueil de cinquante textes fantastiques. Humour et angoisse cohabitent pour dénoncer les défauts éternels de l'homme, ses excès et son incapacité à saisir le bonheur qui est pourtant à portée de main.

Stupeur et tremblements d'**Amélie Nothomb**, 1999

Amélie va travailler comme interprète au Japon dans une importante société. Elle se trouve face à une hiérarchie pyramidale totalement rigide et va d'humiliation en humiliation jusqu'à devenir… « dame pipi » ! Un comique grinçant.

4. Progrès et rêve scientifiques

La Nuit des temps de **René Barjavel**, 1968

En Antarctique, des scientifiques français découvrent un homme et une femme casqués d'or, ensevelis il y a 900 000 ans dans une sphère ovoïde. Ils sont en état de biostase. On va tenter de les réveiller pour en savoir plus…

5. Visions poétiques du monde

L'Écume des jours de **Boris Vian**, 1947

© Le Livre de poche, 2014

Peu après son mariage avec Colin, Chloé tombe malade : un nénuphar pousse dans son poumon. Colin doit alors quitter l'insouciance et l'oisiveté, il est obligé de travailler pour acheter des fleurs par milliers, seuls remèdes pouvant guérir sa bien-aimée. Une histoire d'amour dans un registre onirique.

Notes

ORTHOGRAPHE

26 L'accord du participe passé : règles générales

Les livres sont classés par auteur, par thème et par date.

Comment accorde-t-on généralement un participe passé ?

- Un participe passé **employé seul** suit les règles d'accord d'un adjectif qualificatif.
  *Il faut chercher dans les **romans** publi**és** récemment.*
  Mais : *ci-joint, mis à part, y compris, non compris, attendu, vu, étant donné, ci-inclus*, placés devant un groupe nominal, restent invariables. *Ci-joint les papiers demandés.*
- Le participe passé d'un verbe conjugué **avec l'auxiliaire *être*** s'accorde avec le sujet.
  ***Les livres** sont class**és** par auteur, par thème et par date.*
- Le participe passé d'un verbe conjugué **avec l'auxiliaire *avoir*** ne s'accorde pas.
  ***Les professeurs** ont donn**é** des devoirs très longs aux élèves.*
  Mais si le verbe a un **COD placé à sa gauche** (antéposé), le participe passé s'accorde alors avec ce COD : *Les devoirs **que** le professeur a donn**és** aux élèves sont très longs.*

★ 1 Lis le texte et accorde les participes passés si nécessaire.

La visite du château terminé......, les touristes sont parti...... à regret. Ils ont jeté...... quelques regards en arrière et ont emporté...... avec eux nombre de souvenirs qu'ils ont acheté...... sur place, et surtout toutes les photos qu'ils ont fait...... . Les guides touristiques rangé...... dans les sacs n'ont plus rien à leur apprendre !

SCORE ..../ 6

COUP DE POUCE
Deux participes passés, utilisés avec *avoir*, s'accordent avec le COD placé à gauche du verbe.

★ 2 Place les participes passés (p.p.) du texte de l'exercice 1 dans le tableau suivant.

p.p. = adjectif qualificatif	p.p. avec auxiliaire *être*	p.p. avec auxiliaire *avoir* (COD à droite)	p.p. avec auxiliaire *avoir* (COD à gauche)
....	....	....	....
....	....	....	....

SCORE ..../ 7

★★ 3 Conjugue les verbes entre parenthèses au passé composé.

1. La chienne que nous (adopter) .... s'appelle Laïka. • **2.** Des billes, Enzo en (gagner) .... beaucoup à la récréation. • **3.** Les spectateurs (applaudir) .... à tout rompre : la pièce qu'ils (voir) .... les (enchanter) .... ! • **4.** De nouveaux élèves (arriver) .... en cours d'année dans notre collège.

SCORE ..../ 4

COUP DE POUCE
Un seul participe passé reste invariable.

★★ 4 Ajoute l'expression *ci-joint* dans les phrases suivantes. Fais les accords si nécessaire.

1. Vous lirez les documents .... • **2.** .... des documents que vous voudrez bien lire. • **3.** Les feuilles .... devront être remplies.

SCORE ..../ 3

Corrigés p. 11

TOTAL ..../ 20

ORTHOGRAPHE

27 L'accord du participe passé d'un verbe pronominal

Comment accorder le participe passé d'un verbe pronominal ?

- Il faut commencer par analyser le pronom réfléchi :
  - si le pronom *se* est **COD**, le participe passé s'accorde avec lui ;
    *Elle s'est regard**ée** dans la glace. (= Elle a regardé **elle**.)*
    → *Se* est COD ; accord au féminin singulier.
  - si le pronom *se* est **COI**, le participe passé reste invariable ;
    *Ils **se** sont écrit. (= Ils ont écrit **l'un à l'autre**.)* → *Se* est COI ; pas d'accord.
  - si le pronom *se* ne peut pas être analysé (cas des verbes qui n'existent qu'à la forme pronominale) le participe passé s'accorde avec le sujet.
    ***Clara** s'est évanouie.* → Accord au féminin singulier avec le sujet.
- Si le verbe pronominal est employé **avec un COD autre que *se*** : le participe passé s'accorde avec ce COD si celui-ci précède le verbe ; sinon il reste invariable.
  *Les photos **qu**'ils se sont envoy**ées** les amusent.*
  → Le participe passé s'accorde avec le COD *qu'* (= *les photos*) au féminin pluriel.
  *Elle s'est lavé **les mains**.* → Le participe passé reste invariable.

★ 1 Complète le texte avec les participes passés des verbes entre parenthèses.

La moto et la voiture ont (faire) .... le tour de la place et se sont (arrêter) .... devant le café-épicerie de la Paulette Goudounèche. Les civils en imper et chapeau sont (sortir) .... de l'auto, et se sont (précipiter) .... vers le magasin. Tout à coup, la moto des Boches s'est (mettre) .... à ronfler, les deux types en imper sont (remonter) .... dans leur auto. Les Allemands partis, les gens du bourg se sont (retrouver) .... sur la place.

D'après Dany et Michel Jeury, *Le Printemps de Thomas* © Nathan, 2004.

SCORE ..../ 7

> COUP DE POUCE
> Il y a cinq verbes pronominaux.

★ 2 Parmi ces verbes pronominaux, souligne les quatre dont le pronom *se* est COI.

se ressembler – s'écrouler – se regarder – se parler – se sourire – se déchaîner – se mentir

SCORE ..../ 4

★★ 3 Place dans les phrases suivantes ces participes passés, sans en changer l'orthographe : serré – serrée – serrés – serrées.

1. Elles se sont .... la main. • **2.** Ils se sont .... l'un contre l'autre. • **3.** Les mains qu'ils avaient .... étaient froides. • **4.** Elle s'est .... contre sa sœur.

SCORE ..../ 4

Corrigés p. 11

TOTAL ..../ 18

ORTHOGRAPHE

28 L'accord de même

Quand le mot même est-il variable?

- *Même* **s'accorde** s'il est un **déterminant indéfini.**
  Il est employé alors selon le cas :
  – entre un déterminant et un nom ; *Il dit la **même** chose.*
  – après un nom ou un pronom, qu'il renforce.
  *Ce sont ses paroles **mêmes**. Eux-**mêmes** n'y croient pas.*
- *Même* s'accorde également s'il est un **pronom indéfini** :
  il est alors employé seul et précédé d'un déterminant.
  *Ces livres ? Ce sont toujours **les mêmes**.*
- En revanche, *même* est invariable s'il est **un adverbe**
  (qui a le sens de « aussi », « y compris »).
  ***Même** les lions avaient peur. Les tigres, les panthères **même** tremblaient.*

1 **Lis le texte. Souligne *même* s'il est un déterminant indéfini, encadre-le s'il est un adverbe.**

Le narrateur décrit les moines d'un couvent.

> Tous subissent la même tonsure[1], portent le même froc, mangent le même pain noir, dorment sur la même paille, meurent sur la même cendre. Le même sac sur le dos, la même corde autour des reins. Il peut y avoir là un prince, ce prince est la même ombre que les autres. Plus de titre. Les noms de famille même ont disparu.

Victor Hugo, *Les Misérables*, 1862.

1. La *tonsure* est le fait de raser une partie de la chevelure des moines.

SCORE ..../ 9

COUP DE POUCE Tu ne dois trouver qu'un seul adverbe.

2 **Réécris la 1re phrase du texte de l'exercice 1 en mettant les groupes nominaux au pluriel.**

Tous subissent les ....

.... cendres.

SCORE ..../ 5

3 **Complète avec *même* ou *mêmes* et indique entre parenthèses s'il s'agit d'un adverbe (adv.) ou d'un déterminant indéfini (dét.).**

1. .... (adv.) ses parents ne pouvaient le joindre. • **2.** Ils ont programmé aujourd'hui les .... (..........) films qu'hier. • **3.** Monsieur, vous avez peint vous-................ (..........) cette toile ? • **4.** Elles n'osaient parler, ... (..........) doucement. • **5.** Ils ne pensent qu'à eux-................ (..........).

SCORE ..../ 10

INFO Quand *même* complète un pronom personnel, il est déterminant indéfini et s'accorde avec le pronom (*moi-même, nous-mêmes...*).

4 **Complète chaque phrase avec l'une des expressions suivantes :**
de même – à même – tout de même – ici même.

1. Il dort .... le sol. • **2.** Mon frère est né ...., à Saint-Malo . • **3.** Agissez toujours .... • **4.** Alors qu'il se trouvait en difficulté, il a .... réussi.

SCORE ..../ 4

COUP DE POUCE Dans ces locutions adverbiales, *même* est-il variable ?

Corrigés p. 11

TOTAL ..../ 28

ORTHOGRAPHE

29 L'accord de *tout*

Quand faut-il accorder le mot *tout* ?

- Quand il accompagne un nom ou un GN, *tout* est un **déterminant indéfini** et **s'accorde** en genre et nombre avec le nom auquel il se rapporte :
  __tout__ le monde, __tous__ les gens, __toute__ personne qui souhaiterait…
- Quand il est employé seul, à la place d'un nom, *tout* est un **pronom indéfini**. Il peut s'écrire ***tout, tous* ou *toutes*** en fonction du sens.
  __Tout__ va bien. → *Tout* désigne un ensemble et reste au singulier.
  __Tous et toutes__ sont là. → *Tous et toutes* signifie ici *tous les hommes et toutes les femmes.*
- Quand il a le sens de « tout à fait » et qu'il se trouve devant un adjectif ou un verbe, *tout* est un **adverbe invariable**. *Ils sont __tout__ contents de leur journée.*
  Attention, cependant, à ce **cas particulier** : quand l'adverbe *tout* est suivi d'un adjectif féminin commençant par une consonne ou un *h* aspiré, on facilite la prononciation en l'accordant avec l'adjectif. *les roses __toutes__ blanches, l'herbe __toute__ humide*

★ 1 Complète les phrases avec *tout* en l'accordant correctement. Justifie ton choix.

COUP DE POUCE Tu dois trouver un déterminant, un pronom et un adverbe.

1. .... les tests le prouvent. → ....
2. Les livres sont .... dans la bibliothèque. → ....
3. La voiture est .... abîmée. → ....

SCORE .... / 6

★★ 2 Explique la différence de sens dans chacun des couples d'expressions suivants.

1. Ces livres sont tous neufs • Ces livres sont tout neufs.

.... • ....

2. Tous les invités sont repartis • Les invités sont tous repartis.

.... • ....

SCORE .... / 4

★★ 3 Complète avec *tout, tous, toute* ou *toutes*.

Ce matin, ... est blanc devant la maison. Les flocons sont tombés .... la nuit, et la neige a recouvert les toits, les voitures et .... les trottoirs. Les bruits de pas des rares promeneurs semblent .... étouffés dans ce silence glacé. Ici ou là, un chat a laissé les empreintes de ses .... petites pattes sur le manteau blanc. Bientôt, ... le monde sera à nouveau dehors, se hâtant comme .... les jours vers ses activités habituelles. Mais, pour le moment, c'est comme si la ville immaculée était encore .... endormie, ... nappée de douceur.

SCORE .... / 9

Corrigés p. 12

TOTAL .... / 19

ORTHOGRAPHE

30 Les homophones *qu'elle* et *quel*

Comment savoir s'il faut écrire *qu'elle* ou *quel* ?

- *Qu'elle* (ou *qu'elles*) est l'association de ***que*** **élidé** et du **pronom personnel féminin de la 3e personne** ***elle*** (ou *elles*) :
  - si *qu'elle(s)* est suivi d'un verbe, on peut lui substituer *que je, que tu, qu'il... Il faut* ***qu'elle*** *vienne.* → *Il faut qu'il vienne.*
  - si *qu'elle(s)* n'est pas suivi d'un verbe, on peut lui substituer *que lui, que moi... Tu es plus grand* ***qu'elle****.* → *Tu es plus grand que lui.*
- ***Quel*** **est un déterminant.** Selon le cas, il est :
  - suivi d'un nom avec lequel il s'accorde ;

    Quelle *heure est-il ?* → *Quelle* est un déterminant interrogatif.

    Quelle *chance !* → *Quelle* est un déterminant exclamatif.
  - en position d'attribut du sujet. ***Quelles*** *sont les nouvelles ?*

1 Lis le texte et complète-le avec *qu'elle* ou *quel(le)*.

En pleine affaire Dreyfus, Émile Zola s'engage et adresse à tous les maires de France une lettre ouverte qui s'indigne de la tournure que prennent les événements.

> .... angoisse et .... tristesse, France, dans l'âme de ceux qui t'aiment ! Songes-tu que le danger est dans ces ténèbres têtues de l'opinion publique ? Cent journaux répètent quotidiennement que l'opinion publique ne veut pas que Dreyfus soit innocent, que sa culpabilité est nécessaire au salut de la patrie. Et sens-tu à .... point tu serais la coupable, si l'on s'autorisait d'un tel sophisme pour étouffer la vérité ? C'est la France qui l'aurait voulu, c'est toi qui aurais exigé le crime, et .... responsabilité un jour ! À mesure que la vérité avance, les mensonges s'entassent, pour nier .... marche.

D'après Émile Zola, *Lettre à la France*, 1898.

SCORE .... **/ 5**

COUP DE POUCE
Quand tu hésites, tente des substitutions avec *qu'il, que lui...*

2 Complète les phrases avec les mots de la liste suivante :
quel – quelle – quelles – qu'elle – qu'elles.

1. « .... homme est sans erreur ? Et .... roi sans faiblesse ? » (Hugo)

2. « L'étude a cela de bon .... nous délivre du fardeau de notre oisiveté » (Voltaire)

3. « .... ombre, ... feuillage, ... fruit peut encore donner l'arbre abattu ? » (Adiaffi)

4. « La presse est une bouche forcée d'être toujours ouverte et de parler toujours. De là vient .... dit mille fois plus .... n'a à dire, et .... divague souvent. » (Vigny)

5. « Mais sait-on .... sont les sages et .... sont les fous, dans cette vie où la raison devrait souvent s'appeler sottise et la folie s'appeler génie ? » (Maupassant)

SCORE .... **/ 13**

Corrigés p. 12

TOTAL .... **/ 18**

ORTHOGRAPHE

31 Les homophones *quel que* et *quelque*

Comment savoir s'il faut écrire *quel que* ou *quelque* ?

- *Quel que*, locution en deux mots, **introduit une proposition subordonnée d'opposition** au subjonctif ; *quel* s'accorde en genre et en nombre avec le sujet du verbe au subjonctif (*être*, le plus souvent).

  ***Quelle que** soit la saison, nous apprécions le lieu.*
  → *Quelle* s'accorde avec *saison* (féminin singulier), sujet du verbe *soit* au subjonctif.

- *Quelque*, écrit en un seul mot, peut être :
  – un **déterminant indéfini variable** ;
  *Elle rêve à **quelque** beau voyage.* → Au singulier, *quelque* a le sens de l'article « un ».
  *Il achète **quelques** fleurs.* → Au pluriel, *quelques* a le sens de « plusieurs ».
  – un **adverbe invariable**.
  *Il a travaillé **quelque** vingt jours.* → *Quelque*, adverbe, a le sens d'« environ ».

★ 1 Coche la bonne orthographe.

1. ❑ Quel que ❑ Quelle que soit la température, je me baigne.
2. Mes recherches donnent ❑ quelque ❑ quelques bons résultats.
3. J'accepterai tes arguments ❑ quelques ❑ quels qu'ils soient.

SCORE .... / 3

★ 2 Complète avec *quelque* ou *qu'elle... qu'*.

George Sand écrit à Flaubert, qu'elle appelle affectueusement Cruchard, pour l'inciter à sortir de sa déprime en adoptant une forme de sagesse.

> Tu as trop de savoir et d'intelligence, mon Cruchard, tu oublies qu'il y a .... chose au-dessus de l'art, à savoir la sagesse. Elle nous apprend à voir hors de nous .... chose de plus élevé que ce qui est en nous, et à nous de l'assimiler peu à peu. Mais je ne réussirais pas à te changer, je ne réussirais même pas à te faire comprendre comment j'envisage et saisis le bonheur, c'est-à-dire l'acceptation de la vie, ... elle soit !

George Sand, *Lettre à Gustave Flaubert*, 1874.

SCORE .... / 3

★ 3 Complète la phrase avec les mots de la liste suivante : qu'elles – quelle – quelque.

.... que soit leur fatigue, les jeunes filles finalistes de la compétition acceptèrent, pour saluer le public venu les acclamer, de parcourir à pied les .... cinq cents mètres .... auraient dû faire en voiture.

SCORE .... / 3

COUP DE POUCE
Dans une phrase seulement, *quelque* a le sens d'environ et reste invariable.

★★ 4 Complète les phrases avec *quelque* ou *quel que*. Fais les accords nécessaires.

1. J'ai gardé .... bons souvenirs de ces années. • **2.** .... soit ta décision, reste prudent ! • **3.** Il faut que je lise encore ces .... cinq cents pages. • **4.** Il devra s'expliquer .... soient ses raisons.

SCORE .... / 4

Corrigés p. 12

TOTAL .... / 13

32 Les différents sens d'un mot

Qu'est-ce que le champ sémantique d'un mot ?

- La plupart des mots sont **polysémiques** (c'est-à-dire qu'ils peuvent avoir plusieurs sens). Le champ sémantique est l'**ensemble des sens d'un mot.**

  Champ sémantique du nom *loup* : *un loup* = animal, mammifère ou poisson vorace ; *un vieux loup de mer* = vieux marin ; *un loup de velours* = masque...

1 Lis cet article du dictionnaire, puis définis le champ sémantique du nom féminin *livre*.

> **Livre** : n.f. - Xe s. *livra* ; lat. *libra* **1)** *Anciennt.* Unité de masse, qui variait, selon les provinces entre 380 et 550 grammes. *La livre se divisait en onces.* • *Mod.* Un demi-kilogramme ou cinq cents grammes. *Acheter une livre de fraises* [...] **2)** Ancienne monnaie de compte, représentant à l'origine un poids d'une livre d'argent, et moins de cinq grammes à l'établissement du système métrique (1801) [...] *La livre tournois valait vingt sous.* **3)** *Mod.* Unité monétaire du Royaume-Uni. *La livre vaut cent pence.*
>
> *Le Petit Robert* © Dictionnaire Le Robert – SEJER, 2014.

Une livre peut être ....

....

SCORE ..../ 3

COUP DE POUCE
Tu dois trouver trois sens du mot *une livre.*

Qu'est-ce que la dénotation d'un mot ? sa connotation ?

- On appelle **dénotation**, ou sens dénoté, le **sens du mot consigné** dans le dictionnaire.

  Vison a pour sens dénoté « mammifère du genre putois ».

- On appelle **connotation**, ou sens connoté, la **valeur particulière dont peut se charger un mot en fonction du contexte** dans lequel il est utilisé.

  Cette femme portait un manteau de vison.
  → L'idée de richesse est suggérée : le mot *vison* connote ici la richesse.

  La connotation s'ajoute à la dénotation ; elle est **subjective** et correspond à toutes les images et idées que peut suggérer un mot dans un contexte particulier.
  Ainsi, le mot *vison* peut aussi connoter la douceur ou la chaleur.

2 Relie chaque mot à sa connotation.

pôle Nord •	• liberté
vacances •	• richesse
diamant •	• froid

SCORE ..../ 3

INFO
C'est surtout par rapport au contexte dans lequel le mot est utilisé que la connotation prend toute sa force.

3 Dans chaque série, raye le mot qui est connoté négativement.

1. une maison – un palais – une baraque – une demeure – un chalet – un château
2. un cheval – une rosse – un pur-sang – un étalon – une jument – un coursier
3. un homme – un personnage – une personne – un individu – un type

SCORE ..../ 3

Corrigés p. 13

TOTAL ..../ 9

33 Synonyme, antonyme, homonyme et paronyme

Qu'est-ce qu'un synonyme ? un antonyme ?

- Des **synonymes** sont des mots de **sens voisins** qui appartiennent à la même classe grammaticale : *peur* et *frayeur* sont deux noms synonymes.
- Des **antonymes** sont des mots de **sens contraires** et de même classe grammaticale : *grand* et *petit* sont deux adjectifs antonymes.

★ 1 Complète les phrases avec un synonyme du mot entre parenthèses.

1. Il a pu être très (vexé) .... par leurs paroles trop directes.

2. Mon voisin est terriblement (bavard) .... !

3. Marc dissimule un caractère (farceur) .... sous un air sévère.

SCORE ..../ 3

COUP DE POUCE
Tu peux choisir tes réponses parmi les mots de la liste suivante : *espiègle – froissé – prolixe.*

★★ 2 Complète le tableau suivant.

	Synonyme	Antonyme
succès	....	....
tristesse	....	....

SCORE ..../ 4

Qu'est-ce qu'un homonyme ? un paronyme ?

- Des **homonymes** sont des mots qui **se prononcent ou s'écrivent de la même façon,** mais qui possèdent des sens différents : *vert* et *verre* sont des homonymes.
- Des **paronymes** sont des mots **proches par la prononciation ou l'orthographe,** mais de sens différents : *affluence* et *influence* sont des paronymes.

★ 3 Complète les phrases avec des homonymes des mots suivants : chêne – mite – air.

1. Nous nous arrêtons sur une .... de service de l'autoroute. • **2.** Les .... de l'antiquité grecque sont captivants. • **3.** Les prisonniers portaient de lourdes ....

SCORE ..../ 3

ATTENTION
L'orthographe change avec le sens du mot.

★★ 4 Choisis parmi les paronymes celui qui convient pour compléter chaque phrase.

1. irruption ou éruption ? Tu as fait une brutale .... dans la salle. – Le Vésuve est entré en .... en 79 après J.-C.

2. incident ou accident ? Un grave .... a eu lieu sur l'autoroute. – Tout ceci n'est qu'un .... diplomatique sans conséquence.

SCORE ..../ 4

Corrigés p. 13

TOTAL ..../ 14

34 Les figures de style

Quelles sont les principales figures de style ?

Les figures de style modifient le langage ordinaire pour le rendre plus expressif.

- Les **figures de ressemblance** rapprochent deux éléments. Pour établir cette relation, on peut utiliser :
  - une **comparaison** ; *La musique souvent me prend comme une mer !* (Baudelaire) → Mise en relation à l'aide d'un outil de comparaison (*comme*).
  - une **métaphore** ; *Bergère ô tour Eiffel* (Apollinaire) → Mise en relation implicite.
  - une **personnification**. *L'arbre se tord.* → L'arbre a un comportement humain.
- Les **figures de substitution** désignent un élément sous une autre dénomination que celle attendue. Par exemple, dans la **périphrase** *la messagère du printemps*, on remplace un terme – l'hirondelle – par une expression de même sens, mais plus imagée.
- Les **figures d'insistance** mettent en valeur un élément. C'est le cas de l'**anaphore** qui répète un mot en début de phrase ou de vers : ***Demain***, *nous partirons à l'aube, /* ***Demain***, *nous prendrons les chemins...*, ou de l'**énumération**.
- Les **figures d'opposition** mettent en valeur un contraste. C'est le cas de l'**antithèse** : *L'avarice perd tout en voulant tout gagner*, ou de l'**oxymore** qui juxtapose deux termes de sens contraire : *la **clarté sombre** des réverbères* (Baudelaire).

★★ 1 Lis le poème, puis réponds aux questions.

Mignonne, allons voir si la rose
Qui ce matin avait déclose[1]
Sa robe de pourpre au soleil
A point perdu cette vesprée[2]
Les plis de sa robe pourprée
Et son teint au vôtre pareil.

Las ! voyez comme en peu d'espace
Mignonne, elle a dessus la place
Las, las ses beautés laissé choir !
Ô vraiment marâtre Nature,
Puisqu'une telle fleur ne dure
Que du matin jusques au soir !

Pierre de Ronsard, *Odes*, 1550-1556.

1. ouvert. 2. ce soir.

1. Encadre les quatre mots qui personnifient la rose.

2. Relève une métaphore. ....

3. Que désigne-t-elle ? ....

4. Souligne deux vers qui commencent de la même façon. À ton avis, pourquoi le poète a-t-il fait ce choix ? ....

....

SCORE ..../ 8

INFO

Tous les procédés utilisés par le poète visent à rapprocher la rose et la jeune fille. La jeune fille doit comprendre que la vie lui réserve un sort identique à celui que subit la rose.

★★ 2 Relie chaque mot à la périphrase qui lui correspond.

Napoléon •	• la Venise du Nord
Amsterdam •	• le petit serpent ailé
le moustique •	• le Petit Caporal

SCORE ..../ 3

Corrigés p. 13

TOTAL ..../ 11

35 Les marques de modalisation

Qu'appelle-t-on la modalisation ?

- Dans ses énoncés, un locuteur révèle le plus souvent son **point de vue**. L'énoncé contient des **traces de sa subjectivité** : c'est ce qu'on appelle la modalisation.
- Une modalisation permet de traduire :
  - soit une **certitude, plus ou moins forte** ;
  - soit une **évaluation**, c'est-à-dire un **jugement** positif ou négatif.
- La modalisation est particulièrement sensible dans un **texte argumentatif**, mais elle est aussi présente dans les autres types de texte. Seuls les énoncés purement informatifs ne contiennent pas de marques de modalisation.

★ 1 Coche les énoncés qui contiennent une marque de modalisation.

❑ **1.** Le film *Capitaine Blood* a été réalisé par Michael Curtiz.
❑ **2.** Il est sorti aux États-Unis en 1955.
❑ **3.** C'est indiscutablement l'une des grandes dates de l'histoire du film d'aventures.
❑ **4.** Parmi les acteurs figurent Errol Flynn et Olivia de Havilland.
❑ **5.** Ce film est marqué par la rencontre d'Errol Flynn et d'Olivia de Havilland qui formeront un couple exceptionnel.
❑ **6.** Les studios de la Warner découvrent, avec *Capitaine Blood*, la magie du cinéma d'aventures.
❑ **7.** Le travail de M. Curtiz est celui d'un vieux routier et d'un grand professionnel.

SCORE .... / 4

COUP DE POUCE
Quatre des phrases expriment un jugement, un point de vue.

★★ 2 Dans les énoncés de l'exercice 1 que tu as soulignés, relève les mots exprimant un point de vue positif.

....

....

....

....

SCORE .... / 4

★★ 3 Souligne dans le texte les marques de modalisation.

Le narrateur croit déceler la présence d'un être malfaisant qui lui masque sa propre image dans le miroir.

> Comme j'eus peur ! Puis voilà que tout à coup je commençai à m'apercevoir dans une brume, au fond du miroir, dans une brume comme à travers une nappe d'eau ; et il me semblait que cette eau glissait de gauche à droite, lentement, rendant plus précise mon image de seconde en seconde. C'était comme la fin d'une éclipse. Ce qui me cachait ne paraissait point posséder de contours nettement arrêtés, mais une sorte de transparence opaque s'éclaircissant peu à peu. Je pus enfin me distinguer complètement.

Guy de Maupassant, *Le Horla*, 1887.

SCORE .... / 5

COUP DE POUCE
Relève les expressions qui montrent que le narrateur n'est pas sûr de ce qu'il voit, ainsi que les images qu'il emploie pour tenter de le faire comprendre au lecteur.

Quels sont les différents procédés de modalisation ?

- Le **vocabulaire** offre de nombreuses possibilités de modalisation.
  On peut ainsi recourir :
  – à des noms et des adjectifs mélioratifs (exprimant un point de vue positif) ou péjoratifs (point de vue négatif) ;
  – à des verbes de sentiment (*aimer, préférer, regretter, détester…*) ou d'opinion (*supposer, affirmer, penser…*) ;
  – à des adverbes exprimant un sentiment (*hélas !, heureusement…*) ou une opinion (*peut-être, évidemment, bien sûr…*).
- Il est aussi possible d'employer certains **procédés grammaticaux** par exemple :
  – le conditionnel pour exprimer l'incertitude ;
  – un type de phrase particulièrement expressif, telle la phrase exclamative.
- Parmi les **figures de style**, on peut citer plus particulièrement la comparaison et la métaphore, qui traduisent une vision subjective.

4 **Réécris ces phrases de manière neutre.**

1. Mon frère aurait perdu ses papiers dans le métro. ....

2. Cet exercice est bien évidemment utile. ....

3. Il paraît que la pluie va cesser prochainement. ....

4. D'après moi, il ne pleuvra pas aujourd'hui. ....

5. Il se pourrait que les épreuves soient difficiles. ....

COUP DE POUCE
Tu dois en particulier supprimer les adverbes d'opinion et l'utilisation du conditionnel pour les verbes.

SCORE .... / 5

5 **Réécris le texte en supprimant toutes les marques de subjectivité.**

> Or, ayant dormi environ quarante minutes, je rouvris les yeux sans faire un mouvement, réveillé par je ne sais quelle émotion confuse et bizarre. Je ne vis rien d'abord, puis tout à coup, il me sembla qu'une page du livre resté ouvert sur ma table venait de tourner toute seule. Aucun souffle d'air n'était entré par ma fenêtre. Je fus surpris et j'attendis. Au bout de quarante minutes environ, je vis, je vis, oui, je vis de mes yeux une autre page se soulever et se rabattre sur la précédente, comme si un doigt l'eût feuilletée.
>
> *op.cit.*

Or, ayant dormi quarante minutes, je rouvris les yeux ....

....

....

....

....

....

....

....

SCORE .... / 7

Corrigés p. 14

TOTAL .... / 25

36 Statut du narrateur et point de vue

Qui est le narrateur ?

- Le narrateur est la personne qui **raconte** l'histoire.
Il ne faut pas le confondre avec l'auteur, c'est-à-dire la personne réelle qui a écrit le texte.
- Le narrateur peut mener le récit :
  - à la 3e **personne** (on parle de narrateur **externe**) : il est extérieur à l'histoire ; toutefois, il peut intervenir par de brèves remarques ou des procédés de modalisation ;
  - à la 1re **personne** (on parle de narrateur **interne**) : il est un personnage de l'histoire.
- Dans une autobiographie, le *je* représente à la fois le narrateur, le personnage et l'auteur.

★★ 1 Dans chaque texte, le narrateur est-il externe ou interne ?

COUP DE POUCE
Observe bien à quelle personne se fait le récit.

> Les polissons de la ville étaient devenus mes plus chers amis. Je leur ressemblais en tout ; je parlais leur langage ; j'avais leur façon et leur allure. J'avais le visage barbouillé, égratigné, meurtri, les mains noires. Ma figure était si étrange, que ma mère, au milieu de sa colère, ne se pouvait empêcher de s'écrier : « Qu'il est laid ! »

D'après François-René de Chateaubriand, *Mémoires d'outre-tombe*, 1848.

....

> Le lendemain, à sept heures et demie, Denise était devant le Bonheur des Dames. Mais, avec ses habitudes matinales, elle s'était trop pressée de descendre : les commis arrivaient à peine ; et, craignant d'être ridicule, prise de timidité, elle resta à piétiner un instant sur la place Gaillon.

D'après Émile Zola, *Au Bonheur des Dames*, 1883.

....

SCORE ..../ 2

Qu'appelle-t-on le point de vue dans un récit ?

La perspective selon laquelle une histoire est racontée, c'est-à-dire le point de vue adopté par le narrateur, peut donner des éclairages très différents sur cette histoire.

- Le point de vue est **externe** quand le narrateur est à l'extérieur de l'histoire – comme un spectateur – et ne raconte que ce qu'il voit et entend.
Il en sait moins que les personnages.
- Le point de vue est **interne** quand le narrateur est à la place d'un des personnages, et ne connaît que les sentiments et les intentions de ce personnage.
- Le point de vue est **omniscient** quand le narrateur possède plus d'informations que les personnages : il peut alors connaître les sentiments et les intentions de plusieurs personnages.
- Il est cependant fréquent que les textes narratifs présentent des **variations de point de vue** au fil du récit.

2 **Définis le point de vue de cet extrait, et dis quel est l'effet produit.**

> Concarneau est désert. L'horloge lumineuse de la vieille ville, qu'on aperçoit au-dessus des remparts, marque onze heures moins cinq.
> C'est le plein de la marée et une tempête du sud-ouest fait s'entrechoquer les barques dans le port. Le vent s'engouffre dans les rues, où l'on voit parfois des bouts de papier filer à toute allure au ras du sol.

Georges Simenon, *Le Chien jaune* © 1931 Georges Simenon Limited, une société du groupe Chorion.

....

....

SCORE .... **/ 2**

3 **Dis selon quels points de vue est raconté le texte, et justifie ta réponse.**

> L'homme était parti de Marchiennes vers deux heures. Il marchait d'un pas allongé, grelottant sous le coton aminci de sa veste et de son pantalon de velours. Un petit paquet, noué dans un mouchoir à carreaux, le gênait beaucoup ; et il le serrait contre ses flancs, tantôt d'un coude, tantôt de l'autre, pour glisser au fond de ses poches les deux mains à la fois, des mains gourdes que les lanières du vent d'est faisaient saigner. Une seule idée occupait sa tête vide d'ouvrier sans travail et sans gîte, l'espoir que le froid serait moins vif après le lever du jour. Depuis une heure, il avançait ainsi, lorsque sur la gauche, à deux kilomètres de Montsou, il aperçut des feux rouges, trois brasiers brûlant au plein air, et comme suspendus.

Émile Zola, *Germinal*, 1885.

....

....

SCORE .... **/ 2**

4 **Définis le point de vue de cet extrait, et justifie ta réponse.**

Afin de soutirer à une comtesse le secret de la combinaison de cartes qui lui permet de gagner à tous les coups au jeu, Hermann a séduit sa demoiselle de compagnie, Lisabeta.

> Hermann s'assit auprès de la fenêtre, et lui raconta tout. Elle l'écouta avec épouvante. Pauvre enfant ! elle avait été l'instrument aveugle d'un voleur, du meurtrier de sa vieille bienfaitrice. Elle pleurait amèrement dans l'agonie de son repentir. Hermann la regardait en silence ; mais ni les larmes de l'infortunée, ni sa beauté rendue plus touchante par la douleur ne pouvaient ébranler cette âme de fer. Ils demeurèrent longtemps sans se parler, sans se regarder. Le jour venait, Lisabeta éteignit la chandelle. Elle essuya ses yeux noyés de pleurs et les leva sur Hermann. Il était toujours près de la fenêtre.

D'après Alexandre Pouchkine, *La Dame de pique*, 1834, trad. Prosper Mérimée.

....

....

SCORE .... **/ 2**

INFO
Les trois exercices de cette page illustrent trois points de vue différents.

ATTENTION
Dans cet extrait, le point de vue n'est pas le même du début à la fin, même si le texte reste à la 3e personne.

Corrigés p. 15

TOTAL .... **/ 8**

37 Discours direct et discours indirect

Quelles sont les marques des discours direct et indirect ?

- Le **discours direct** restitue les paroles telles qu'elles ont été prononcées. Il est repérable à sa **ponctuation** (deux-points, guillemets, tirets). Un **verbe introducteur** de paroles est placé avant ou après les paroles rapportées, ou en incise.

  *« Je viens vous voir, **dit-il**, parce que j'ai besoin de vous. »*

  → Le verbe de parole est placé en incise (*dit-il*).

- Le **discours indirect** rapporte les paroles au moyen d'une proposition **subordonnée complétive** qui dépend d'un verbe introducteur.

  ***Il disait qu**'il venait les voir parce qu'il avait besoin d'eux.*

  → Le verbe introducteur (*il disait*) joue le rôle de proposition principale. Dans la subordonnée, *je* est devenu *il*, *vous* est devenu *eux*.

- Quand tu passes du discours direct au discours indirect, applique les règles de la **concordance des temps** (voir p. 28).

★ 1 Indique, pour chaque phrase, si les paroles sont rapportées au discours direct ou au discours indirect.

1. Le boulanger lui a demandé ce qu'il voulait. → ....

2. « Tu dors ? demande Marc.

— Non, je fais semblant », répond Éric, les yeux fermés. → ....

3. Élise promit qu'elle reviendrait vite. → ....

SCORE ..../ 3

★★ 2 Réécris les phrases suivantes en utilisant le discours indirect.

1. « Quand pourras-tu venir me chercher ? »

→ Elle lui demande ....

2. « Tu n'as rien à faire. »

→ Il lui affirmait ....

3. « Dans une semaine, je déménagerai. »

→ Il annonça ....

4. « Je suis arrivée hier et demain je retournerai chez moi. »

→ Elle disait ....

....

5. « Sarah, peux-tu apporter ton ordinateur portable ? »

→ Il demanda ....

SCORE ..../ 5

COUP DE POUCE
Pense aux changements de personnes et à la concordance des temps quand le verbe introducteur est au passé.

Qu'appelle-t-on le discours indirect libre ? et le discours narrativisé ?

- Le **discours indirect libre** permet de rapporter des paroles **sans verbe introducteur ni proposition subordonnée**. Les verbes sont cependant au temps et à la personne propres au discours indirect.

  L'agent les menaçait. Des garnements comme ça, il allait bien les punir !
  → La 2e phrase représente les paroles de l'agent, rapportées au discours indirect libre.

- **Le récit de paroles (ou discours narrativisé) :**
  - résume les paroles de quelqu'un à l'intérieur d'une narration ;

    Il m'a interrogé sur mes parents. → On connaît le sujet de la conversation mais on ne sait pas précisément quels mots ont été utilisés.
  - signale simplement que des propos ont été tenus.

    L'homme a fait une longue déclaration avant de sortir. → On ne sait pas de quoi il a parlé.

★ 3 Souligne les passages au discours indirect libre et délimite par des crochets le récit de paroles.

L'agent marmonnait. Il allait appeler leurs parents. Ils finiraient par comprendre ! Lui, ne pouvait plus tolérer leurs sempiternelles bêtises. Il déversa sur eux encore mille reproches et menaces. Il s'arrêta enfin à l'arrivée de son collègue.

SCORE ..../ 4

★ 4 Réécris les deux phrases en italique en utilisant le discours indirect libre.

> Le soir, Marie est venue me chercher et m'a demandé si je voulais me marier avec elle. *J'ai dit que cela m'était égal et que nous pourrions le faire si elle le voulait.* Elle a voulu savoir alors si je l'aimais. J'ai répondu que cela ne signifiait rien mais que sans doute je ne l'aimais pas. « Pourquoi m'épouser alors ? » a-t-elle dit. *Je lui ai expliqué que cela n'avait aucune importance et que, si elle le désirait, nous pouvions nous marier.* Elle a observé alors que le mariage était une chose grave. J'ai répondu : « Non. »

Albert Camus, *L'Étranger* © Éditions Gallimard, 1942.

1. ....

....

2. ....

....

SCORE ..../ 2

ATTENTION
Dans la phrase qui précède les paroles au discours indirect libre, il faut suggérer la prise de parole.

★ 5 Réécris le dialogue en utilisant le récit de paroles et en imaginant que Mischa s'adresse à un de ses amis.

> — Comment tu t'appelles ? m'a demandé le type de l'immigration.
> — Mischa Milgrom.
> — Mischa ? C'est quoi, ça ? Tu t'appelleras Jack.

Jerry Spinelli, *Même pas juif !*, trad. Luc Rigoureau © Hachette jeunesse, 2005.

Le type de l'immigration m'a demandé ....

....

....

SCORE ..../ 4

COUP DE POUCE
Puisque Mischa s'adresse à un ami, il n'a pas besoin de dire son nom.

Corrigés p. 15

TOTAL ..../ 18

38 Les connecteurs

Qu'est-ce qu'un connecteur ?

- Les connecteurs sont des **mots-outils** qui permettent de mettre en évidence l'organisation d'un texte, sa progression.
- Les **connecteurs spatiaux** permettent de se repérer dans l'espace : *ici, là, devant, à gauche, en dessous...* Ils sont utilisés surtout dans les textes descriptifs.
- Les **connecteurs temporels** mettent en place une chronologie : *d'abord, ensuite, enfin, aujourd'hui, demain, la veille, un mois plus tard...*

★ 1 **Souligne les connecteurs spatiaux et encadre les connecteurs temporels.**

Le sentier, d'abord, montait entre des terrains vallonnés comme la pelouse d'un parc, puis arrivait sur un plateau où alternaient des pâturages et des champs en labour. Çà et là, un grand arbre mort faisait sur l'air bleu des zigzags avec ses branches.
Presque toujours on se reposait dans un pré, ayant Deauville à gauche, Le Havre à droite et en face la pleine mer.

Gustave Flaubert, « Un cœur simple », *in Trois contes*, 1877.

SCORE ..../ 6

Qu'est-ce qui caractérise les connecteurs logiques ?

- **Les connecteurs logiques** permettent la mise en relation de deux idées, de deux faits, et précisent le lien logique existant entre eux : cause, conséquence, opposition...

Relations logiques	Conjonctions de coordination	Adverbes de liaison	Conjonctions de subordination
Cause	*car*	*en effet...*	*parce que, puisque, comme...*
Conséquence	*donc*	*ainsi, c'est pourquoi, en conclusion...*	*si bien que, de sorte que, si... que, tant... que, tellement... que...*
Opposition	*mais, or*	*pourtant, cependant, néanmoins, au contraire...*	*quoique, bien que, tandis que...*
Addition	*et*	*en outre, de plus...*	*ainsi que, de même que...*
Reformulation	*ou*	*c'est-à-dire, en un mot...*	

★★ 2 **En changeant le connecteur, transforme la relation de cause en relation de conséquence, sans changer le sens de la phrase.**

COUP DE POUCE
Tu peux utiliser une conjonction de coordination ou de subordination.

1. Tu es venu de bon matin car tu redoutes la chaleur.

→ ....

2. Certains États s'inquiètent parce que la couche d'ozone diminue.

→ ....

SCORE ..../ 2

3 **Lis le texte, souligne les connecteurs, puis classe-les dans le tableau ci-dessous.**

La proportion d'imbéciles et de malfaisants est une constante qu'on trouve dans tous les échantillons de population. Car ce n'est pas seulement l'intérêt qui fait s'entretuer les hommes. C'est aussi le dogmatisme.
En effet, rien n'est aussi dangereux que la certitude d'avoir raison. Rien ne cause autant de destruction que l'obsession d'une vérité considérée comme absolue. Ainsi, tous les crimes de l'histoire sont des conséquences de quelque fanatisme. Or cette froideur et cette objectivité qu'on reproche aux scientifiques, peut-être conviennent-elles mieux que la fièvre et la subjectivité pour traiter certaines affaires humaines. Car ce ne sont pas les idées de la science qui engendrent les passions, mais ce sont les passions qui utilisent la science pour soutenir leur cause. On peut reprocher à certains scientifiques la fougue qu'ils apportent parfois à défendre leurs idées. Mais aucun génocide n'a encore été perpétré pour faire triompher une théorie scientifique.

D'après François Jacob, *Le Jeu des possibles* © Librairie Arthème Fayard, 1981.

Relation logique	Connecteur logique
Cause	....
Conséquence	....
Opposition	....

SCORE .... / 16

4 **Les liens logiques sont implicites dans le texte suivant. Ajoute des connecteurs de manière à les mettre en évidence :**
ensuite – enfin – en effet – or – c'est pourquoi – et.

Tout est prison autour de moi ; ...., je retrouve la prison sous toutes les formes, sous la forme humaine comme sous la forme de grille ou de verrou. Ce mur d'abord, c'est de la prison en pierre ; cette porte ...., de la prison en bois ; ces guichetiers ...., c'est de la prison en chair et en os.

La prison est une espèce d'être horrible, complet, indivisible, moitié maison, moitié homme. .... je suis sa proie, elle me couve, elle m'enlace de tous ses replis. .... elle m'enferme dans ses murailles de granit, me cadenasse sous ses serrures de fer, ... me surveille avec ses yeux de geôlier.

D'après Victor Hugo, *Le Dernier Jour d'un condamné*, 1829.

SCORE .... / 7

INFO
En général, les connecteurs logiques sont placés en début de phrase ou de proposition.

COUP DE POUCE
Pour guider la progression dans une énumération, on peut utiliser des connecteurs temporels.

Corrigés p. 16

TOTAL .... / 31

LECTURE ET EXPRESSION ÉCRITE

39 Le texte argumentatif

Comment définir un texte argumentatif ?

- Dans un texte argumentatif, l'auteur cherche à modifier l'opinion du lecteur, à le **convaincre** du bien-fondé de son point de vue (de sa **thèse**) et/ou à réfuter un autre point de vue.
- Un texte argumentatif s'inscrit dans une **situation d'argumentation** : qui argumente ? à qui s'adresse-t-il ? dans quelles circonstances ? dans quel but ?
- Il existe différents types d'arguments :
  - les **arguments théoriques**, qui font appel à la raison du destinataire ;
  - les **exemples à valeur d'argument**, pour illustrer la thèse et prouver son exactitude ;
  - les **arguments d'autorité**, qui consistent à citer ou évoquer un personnage célèbre dont les idées sont considérées comme incontestables.

★ 1 Quelle thèse Voltaire cherche-t-il à défendre dans cet extrait ? Coche la bonne réponse.

> Demandez à un crapaud ce que c'est que la beauté. Il vous répondra que c'est sa femelle avec deux gros yeux ronds sortant de sa petite tête, une gueule large et plate, un ventre jaune, un dos brun. Interrogez le diable, il vous dira que le beau est une paire de cornes, quatre griffes et une queue.

D'après Voltaire, « Le Beau », *Dictionnaire philosophique*, 1764.

ATTENTION Lis bien toutes les propositions avant de répondre.

- ❏ Le « beau » est indéfinissable.
- ❏ Tous les goûts sont dans la nature.
- ❏ La notion de « beau » est très relative.

SCORE ..../ 1

★★ 2 Lis le texte, puis réponds aux questions.

Mesdames et messieurs les jurés, vous devez aujourd'hui juger cette femme. Ce que j'ai à vous dire est simple : si elle a bien commis un vol, elle n'en est pas moins une victime, car la véritable coupable est la société ! En effet, personne ne naît voleur ou assassin, mais le devient, à force de souffrances. Le grand Victor Hugo a dit : « Tel a assassiné sur les grands routes qui, mieux dirigé, eût été le plus excellent serviteur de la société. » Que penser alors de cette pauvre femme qui, voyant son enfant grelottant de froid, a mis sa propre liberté en péril pour le secourir ?

1. À ton avis, qui prononce ce discours argumentatif ? ....

2. Souligne le passage qui énonce la thèse, et relève les mots qui l'annoncent. ....

....

3. Délimite par des crochets la phrase qui énonce un argument théorique.

4. Quel est le type d'argument utilisé dans la phrase en couleur ? ....

5. Quel sentiment l'orateur veut-il provoquer dans la dernière phrase ? ....

SCORE ..../ 5

Quels sont les procédés argumentatifs ?

- L'auteur d'une argumentation use, en général, de **connecteurs logiques** pour mettre en évidence la progression de son discours, la cohérence de ses idées.
- Différents **procédés** lui permettent d'accroître l'efficacité de son discours. Il peut par exemple :
  - recourir à l'interpellation directe (*tu*, *vous*) ;
  - varier les types de phrase (phrases exclamatives, fausses interrogations) ;
  - utiliser des figures de style : anaphores, antithèses, comparaisons, etc.

3 **Lis le texte, puis réponds aux questions.**

> Monsieur le président, mesdames, messieurs les députés, j'ai l'honneur au nom du gouvernement de la République, de demander à l'Assemblée nationale l'abolition de la peine de mort en France. [...] Demain, grâce à vous, la justice française ne sera plus une justice qui tue. Demain, grâce à vous, il n'y aura plus, pour notre honte commune, d'exécutions furtives, à l'aube [...]. Demain, les pages sanglantes de notre justice seront tournées. Demain, vous voterez l'abolition de la peine de mort.

Discours de Robert Badinter devant l'Assemblée nationale (17 septembre 1981).

1. Qui prononce ce discours ? ....
2. À qui s'adresse-t-il ? ....
3. Dans quelles circonstances ? ....
4. Dans quel but ? ....
5. Sur quelle figure de style l'argumentation est-elle construite ? ....
6. Quelle est la figure de style utilisée dans l'expression en couleur ? ....

SCORE .... / 6

4 **Voici un texte argumentatif sur l'école. Numérote les phrases de manière à le remettre dans l'ordre.**

..... En premier lieu, l'école permet de s'initier aux règles de vie en société.

..... Par ailleurs, l'école transmet de nombreux savoirs.

..... Les différentes matières enseignées – maths, français, sciences, histoire, géographie, langues – sont l'occasion d'acquérir des connaissances diversifiées.

..... Enfin, les compétences générales acquises à l'école sont indispensables.

..... Les élèves apprennent à respecter les autres, à écouter et à prendre la parole de manière constructive.

..... Parmi elles, la curiosité et l'esprit critique facilitent l'adaptation à un monde toujours en évolution.

1. Souligne les trois connecteurs qui ordonnent l'argumentation.
2. Quelle thèse ce texte défend-il ?

....

....

SCORE .... / 10

COUP DE POUCE
Observe les connecteurs qui permettent d'organiser l'argumentation.

Corrigés p. 16

TOTAL .... / 22

40 L'image argumentative

Comment analyser une image ?

- Une affiche de cinéma, une image de campagne de prévention ou une image publicitaire est une structure :
  - qui comporte des **signes** sous forme d'image et/ou de texte ;
  - qui formule un **message** persuasif et parfois manipulateur ;
  - qui repose sur un **argumentaire**.
- L'auteur joue avec la logique, l'imaginaire, les codes culturels, les modes de vie et les motivations de telle ou telle catégorie de public, qui est choisie pour **cible**.
- **Pour analyser une image**, il faut identifier :
  - son émetteur et son destinataire (de qui ? pour qui ?) ;
  - sa composition (couleurs, formes, disposition…) ;
  - ses messages visuels et verbaux (ce que tu vois, ce que tu lis).

★★ **1** **Regarde attentivement l'image A.**

1. De quel type de document s'agit-il ?

……………………………………………………

2. Qui en est le destinataire ?

……………………………………………………

3. Quel objet se trouve dans la main droite ?

……………………………………………………

4. Quels personnages sont suggérés ?

……………………………………………………

5. Quelle impression se dégage du dessin et des couleurs ?

……………………………………………………

6. Quelles informations essentielles l'affiche te donne-t-elle ?

……………………………………………………

……………………………………………………

……………………………………………………

……………………………………………………

……………………………………………………

Image A : affiche réalisée par Aude Perrier pour la fête de la Musique 2009.

INFO
L'affiche publicitaire est un support de communication visuelle qui diffuse un message tant verbal que visuel et qui s'adresse à des publics ciblés dans des emplacements réglementés.

7. Coche les trois mots qui permettent de caractériser cette image.

❑ froideur ❑ joie ❑ confort ❑ tristesse ❑ énervement ❑ angoisse ❑ indépendance ❑ stress ❑ mouvement ❑ effort ❑ contrainte ❑ souplesse ❑ morosité ❑ beauté ❑ ennui ❑ stabilité ❑ clarté ❑ enthousiasme ❑ mélancolie

COUP DE POUCE
Élimine d'abord tous les termes négatifs.

SCORE ……… / 9

Comment analyser le message verbal d'une image argumentative ?

- L'image argumentative joint souvent un **message verbal** (exprimé avec des mots) au message visuel. Selon le cas, elle cherche :
  - à convaincre des qualités d'un produit ; c'est le propre de l'image publicitaire qui doit inciter à acheter ;
  - à faire réfléchir, à modifier les comportements.
- Le texte est **court** pour être percutant. Il peut être constitué :
  - d'une brève **phrase nominale** ;
  - d'une phrase avec un verbe à l'**impératif** pour interpeller et alerter ;
  - d'une phrase **interrogative** pour inciter à réfléchir...

★★ 2 Étudie l'image B.

1. Qui est l'émetteur de ce document ?

....

....

2. Qui est le destinataire ?

....

3. Où le personnage de la photo se trouve-t-il ?

....

....

4. Que fait le personnage de la photo ?

....

5. Quelle est la particularité du personnage ?

....

....

....

Image B : Le téléphone au volant. Campagne de la Sécurité routière 2008.

SCORE .... / 5

INFO
Le gouvernement fait appel à l'image lors de campagnes institutionnelles pour sensibiliser la population à un problème et la faire réagir.

★★ 3 Relis attentivement le texte de l'image B.

1. Combien de phrases composent le message verbal ? ....

2. Où le message verbal est-il placé ? ....

3. Quel mot est répété deux fois dans le message ? ....

4. Quel est le but recherché par cette affiche ? ....

....

SCORE .... / 4

★★★ 4 Quelle argumentation ressort de cette image ?

....

....

....

SCORE .... / 2

Corrigés p. 17

TOTAL .... / 20

BREVET BLANC 1

Le condamné

Document A : texte littéraire

Le narrateur, après son procès, se trouve en prison. Dans le journal qu'il décide d'écrire, il se remémore, entre autres, les moments qui précédèrent sa condamnation.

Je me levai ; mes dents claquaient, mes mains tremblaient et ne savaient où trouver mes vêtements, mes jambes étaient faibles. Au premier pas que je fis, je trébuchai comme un portefaix[1] trop chargé. Cependant je suivis le geôlier.

Les deux gendarmes m'attendaient au seuil de la cellule. On me remit les menottes. Cela avait une petite serrure compliquée qu'ils fermèrent avec soin. Je laissai faire ; c'était une machine sur une machine.

Nous traversâmes une cour intérieure. L'air vif du matin me ranima. Je levai la tête. Le ciel était bleu, et les rayons chauds du soleil, découpés par les longues cheminées, traçaient de grands angles de lumière au faîte des murs hauts et sombres de la prison. Il faisait beau en effet.

Nous montâmes un escalier tournant en vis ; nous passâmes un corridor, puis un autre, puis un troisième ; puis une porte basse s'ouvrit. Un air chaud, mêlé de bruit, vint me frapper au visage ; c'était le souffle de la foule dans la salle des assises[2]. J'entrai.

Il y eut à mon apparition une rumeur d'armes et de voix. Les banquettes se déplacèrent bruyamment. Les cloisons craquèrent ; et, pendant que je traversais la longue salle entre deux masses de peuple murées de soldats, il me semblait que j'étais le centre auquel se rattachaient les fils qui faisaient mouvoir toutes ces faces béantes et penchées.

En cet instant je m'aperçus que j'étais sans fers ; mais je ne pus me rappeler où ni quand on me les avait ôtés.

Alors il se fit un grand silence. J'étais parvenu à ma place. Au moment où le tumulte cessa dans la foule, il cessa aussi dans mes idées. Je compris tout à coup clairement ce que je n'avais fait qu'entrevoir confusément jusqu'alors, que le moment décisif était venu, et que j'étais là pour entendre ma sentence.

Victor Hugo, *Le Dernier Jour d'un condamné*, 1829.

1. **Portefaix :** homme dont le métier est de porter des fardeaux.
2. **Assises :** la cour d'assises est le tribunal qui juge les affaires criminelles.

Document B : image

Peintre expressionniste espagnol, Solana est connu pour son trait noir, l'utilisation qu'il fait du clair-obscur et ses thématiques marquées par une vision sombre de son pays.

José Gutiérrez Solana dit Solana (1886-1945), *Avant l'exécution (Le Vil garrot)*, 1931.

QUESTIONS 50 POINTS

1 Compréhension et compétences d'interprétation

1. Relevez dans le texte tous les mots qui appartiennent à l'univers de la prison. 4 POINTS

2. De *« Le ciel était bleu »* à *« les murs hauts et sombres de la prison »* (l. 8-9) : que voit le narrateur lorsqu'il lève la tête ? Quel contraste l'auteur veut-il souligner ici ? 4 POINTS

3. *Les banquettes se déplacèrent bruyamment. Les cloisons craquèrent.* (l.14-15)

a) Quelle est la figure de style utilisée dans ces phrases ? 2 POINTS

❒ la métaphore ❒ la comparaison ❒ la personnification

b) En vous appuyant sur votre réponse à la question a), dites ce que ressent le narrateur quand il entre dans la salle ? 2 POINTS

4. *Au moment où le tumulte cessa dans la foule, il cessa aussi dans mes idées* (l. 20). Quel groupe nominal le pronom *il* remplace-t-il dans cette phrase ? Que comprend le narrateur, qu'il n'avait pas compris jusqu'alors ? 4 POINTS

5. Quels sentiments vous inspire ce prisonnier ? Que veut montrer Victor Hugo selon vous ? 6 POINTS

6. Quelles sont les couleurs utilisées par le peintre pour représenter la prison ? Quel jeu de contraste permet au bâtiment en arrière-plan de se détacher ? 4 POINTS

7. En dehors du condamné et de ses gardes, quels personnages apparaissent dans le texte comme dans le tableau ? Comparez la salle des assises décrite par le narrateur dans le texte de Hugo à cette scène peinte par Solana : quelle impression se dégage des deux scènes ? 4 POINTS

2 Grammaire et compétences linguistisques

8. Observez les verbes du texte.

a) Quels sont les deux temps majoritairement utilisés dans ce récit ? 4 POINTS

❒ présent ❒ passé simple ❒ imparfait ❒ plus-que-parfait

b) Quelle est leur valeur ? Justifiez votre réponse. 4 POINTS

9. *Les rayons chauds du soleil [...] traçaient de grands angles de lumière au faîte des murs [...] de la prison.* (l. 8-9) Donnez un synonyme du mot *faîte*. 2 POINTS

10. *En cet instant, je m'aperçus que j'étais sans fers ; mais je ne pus me rappeler ni où ni quand on me les avait ôtés* (l. 18-19). Réécrivez cette phrase en transposant les verbes à la 3ᵉ personne du singulier du présent, et en remplaçant *sans fers* par *sans chaîne*. 10 POINTS

> **COUP DE POUCE**
> **Sujet A**
> Ton récit doit être rédigé à la 1ʳᵉ personne du singulier. Après avoir précisé le contexte, décris ce que tu vois (la salle, le condamné, la foule...) et explique ce que tu ressens (surprise, angoisse, admiration, colère...).

DICTÉE 10 POINTS

Faites-vous dicter le texte qui figure page 18 dans les corrigés.

TRAVAIL D'ÉCRITURE 40 POINTS

Vous traiterez au choix le sujet A ou le sujet B. Votre rédaction sera d'une longueur minimale d'une soixantaine de lignes (300 mots environ).

Sujet A. Imaginez que vous vous trouvez dans la salle des assises. En tenant compte des éléments donnés dans le texte, racontez la scène de l'attente et de l'arrivée de l'accusé.

Sujet B. Le narrateur du texte de Victor Hugo a commis un crime. Il est condamné à mort. Prenez sa défense dans une argumentation structurée.

> **COUP DE POUCE**
> **Sujet B**
> • Voici plusieurs arguments :
> la justice ne doit pas faire œuvre de vengeance, il faut donner au coupable la possibilité de se racheter,
> la justice peut aussi se tromper.
> • Appuie toujours tes arguments sur des exemples pour être plus convaincant.

BREVET BLANC 2

Un devoir de mémoire

Document A : texte littéraire

L'auteur, Ida Grinspan, a été déportée au camp d'extermination d'Auschwitz à l'âge de 14 ans. Elle raconte ce qu'elle y a enduré dans son livre J'ai pas pleuré. *Cet extrait se situe à la fin de l'ouvrage.*

Il y a longtemps que je souhaitais écrire ce livre. Je jugeais nécessaire de raconter tout ce que j'avais vu et vécu moi-même.

Ma fille m'encourageait sans cesse, mais je remettais à plus tard. Je prévoyais qu'il serait douloureux de revivre certains souvenirs que j'avais enfouis. [...]

En avril 2001, quand Wanda[1] s'est éteinte sans que j'aie eu le temps de la serrer dans mes bras et de lui dire le merci que je gardais au fond de mon cœur depuis cinquante-six ans – le mot merci est faible, mais je n'en ai pas d'autre –, j'ai estimé qu'il était temps de me décider à écrire. [...]

En me relisant, je ne suis pas certaine d'avoir assez insisté sur la déshumanisation des camps. N'être qu'un numéro, ne rien posséder de personnel qu'une gamelle et une cuillère, avoir constamment faim, toujours froid durant les longs hivers, être épuisée, battue et craindre le pire à chaque instant... [...]

Après la guerre, nous avons cru que le nazisme et ses méthodes étaient anéantis à jamais. Quand nous avons appris, plus tard, les massacres au Cambodge et au Rwanda, nous avons dû admettre que la leçon d'Auschwitz n'avait pas été tirée. [...]

Si nous rencontrons des élèves, ce n'est pas pour qu'ils s'apitoient, mais pour qu'ils sachent ce que des hommes ont été capables de faire à d'autres hommes, uniquement parce qu'ils étaient nés. [...]

L'avenir dépendra de l'information donnée sur le passé. Nous avons la chance de vivre en République, en Démocratie ; les jeunes doivent être préparés à préserver ces libertés des tentations totalitaires.

Ida Grinspan et Bertrand Poirot-Delpech, *J'ai pas pleuré*, p. 231-234 © Robert Laffont, 2002.

1. Wanda est une infirmière polonaise qui a sauvé Ida, atteinte du typhus, au camp de Neustadt.

Document B : image

Cette installation a été spécialement conçue par Christian Boltanski, pour la nef du Grand Palais, en 2010, en hommage aux victimes de la Shoah.

Personnes, création de Christian Boltanski au Grand Palais dans le cadre de la manifestation *Monumenta*, 2010.

QUESTIONS 50 POINTS

1 Compréhension et compétences d'interprétation

1. Quels événements historiques, cités dans le texte, montrent que le livre d'Ida Grinspan se veut avant tout un témoignage sur le passé ? 4 POINTS
2. Pourquoi Ida n'a-t-elle pas écrit plus tôt ? Qu'est-ce qui l'a décidée à le faire ? 4 POINTS
3. Qu'est-ce qui fait dire à Ida que *la leçon d'Auschwitz n'[a] pas été tirée* ? Justifiez votre réponse en vous appuyant sur le texte. 4 POINTS
4. Relisez le passage l.10 à 12.
   a) Quelle figure de style est utilisée pour montrer toutes les souffrances subies dans les camps ? 2 POINTS
   ❒ l'accumulation ❒ la personnification ❒ l'euphémisme
   b) Pourquoi, selon vous, les verbes employés sont-ils tous à l'infinitif ou au participe passé ? Quel est l'effet produit ? 2 POINTS
5. Quel message Ida veut-elle transmettre aux jeunes générations ? Contre quoi les met-elle en garde ? Appuyez-vous sur les lignes 16 à 18 pour répondre. 4 POINTS
6. À quelles valeurs l'auteur fait-elle référence dans le dernier paragraphe ? Cela vous semble-t-il important ? Justifiez votre réponse. 6 POINTS
7. De quels objets l'installation de C. Boltanski est-elle constituée ? En quoi sa taille impressionnante est-elle un élément essentiel du message qu'il veut faire passer ? 4 POINTS
8. Selon vous, pourquoi l'artiste a-t-il appelé cette installation *Personnes* ? Faites le rapprochement avec le texte d'Ida Grinspan. 4 POINTS

2 Grammaire et compétences linguistiques

9. *sans que j'aie eu le temps...* (l. 5). À quel mode le verbe est-il conjugué ? Justifiez son emploi. 4 POINTS
10. Comment le mot *déshumanisation* est-il formé (indiquez son préfixe, son radical et son suffixe) ? Citez au moins deux autres mots de la même famille. 2 POINTS
11. *Je jugeais nécessaire de raconter tout ce que j'avais vu et vécu moi-même. Ma fille m'encourageait sans cesse, mais je remettais à plus tard. Je prévoyais qu'il serait douloureux de revivre certains souvenirs que j'avais enfouis.* (l. 1-4). Réécrivez ce passage en remplaçant *je* par *elle* et en mettant le texte au présent. 10 POINTS

> **COUP DE POUCE**
> **Sujet A**
> Ton récit doit être rédigé à la 1re personne du singulier. Après avoir raconté au passé l'événement marquant, indique au présent pour quelles raisons il te semble important de le transmettre à tes futurs enfants.

DICTÉE 10 POINTS

Faites-vous dicter le texte qui figure page 20 dans les corrigés.

TRAVAIL D'ÉCRITURE 40 POINTS

Vous traiterez au choix le sujet A ou le sujet B. Votre rédaction sera d'une longueur minimale d'une soixantaine de lignes (300 mots environ).

Sujet A. Racontez, à la manière d'une autobiographie, un événement qui vous a marqué et que vous souhaiteriez transmettre un jour à vos enfants. Expliquez votre choix.

Sujet B. À la fin du texte, Ida Grinspan écrit : « L'avenir dépendra de l'information donnée sur le passé. » En quoi, selon vous, cette information est-elle un enjeu majeur ? Peut-elle permettre à l'humanité de progresser sans renouveler les erreurs du passé ?

> **COUP DE POUCE**
> **Sujet B**
> • Par quels moyens peut-on transmettre cette information sur les atrocités commises au XXe siècle ?
> • Montre que la connaissance du passé est essentielle pour être conscient des menaces qui pèsent sur les hommes – et tenter de les éviter – mais qu'elle ne fait pas tout.

BREVET BLANC 3

« Je vous salue... »

Document A : texte littéraire

Véronique Tadjo, écrivain, poète, romancière et artiste, est née à Paris en 1955, d'un père ivoirien et d'une mère française.

Vous les fouilleurs de poubelles
les infirmes
aux moignons crasseux
les borgnes
les hommes rampants
vous les maraudeurs[1]
les gamins des taudis
je vous salue.
Quel fardeau portez-vous
en ce monde immonde
plus lourd que la ville
qui meurt de ses plaies ?
Quelle puissance
vous lie à cette terre frigide[2]
qui n'enfante des jumeaux
que pour les séparer ?
Qui n'élève des buildings
que pour vous écraser
sous les tonnes de béton
et d'asphalte[3] fumant ?
Vous les mangeurs
de restes
les sans-logis
les sans-abri
Quel regard portez-vous
sur l'horizon en feu ?

Véronique Tadjo 1984, *Latérite*, D.R.

1. **Maraudeurs :** voleurs de nourriture.
2. **Frigide :** froide, sans réaction.
3. **Asphalte :** revêtement des rues.

Document B : image

Gerard Sekoto est un peintre africain qui est considéré comme un pionnier de l'art urbain noir. Yellow Houses *est une œuvre de 1940 qui représente une rue de Sophiatown, en Afrique du Sud.*

Gerard Sekoto (1913-1993), *Yellow Houses : a street in Sophiatown*, vers 1940.

QUESTIONS 50 POINTS

1 Compréhension et compétences d'interprétation

1. En vous appuyant sur le texte, montrez que la ville moderne est présentée dans ce poème comme un monstre dénaturé qui écrase les plus faibles et déchire l'être humain. 4 POINTS

2. Le poème s'intitule « Je vous salue ».

a) Qui désigne ce « vous » ? 4 POINTS

b) *Vous les fouilleurs de poubelle* (l. 1) ; *vous les maraudeurs* (l. 6) ; *vous les mangeurs de restes* (l. 21). Comment se nomme cette figure de style ? 2 POINTS

❒ l'anaphore ❒ la comparaison ❒ la périphrase

3. En poésie, on appelle « enjambement » le fait de rejeter au vers suivant la suite d'une expression ou d'une phrase. C'est le cas, ici, au vers 2 : *les infirmes / aux moignons crasseux*. Trouvez un autre enjambement dans le poème. Quel est l'effet produit par ce procédé ? 4 POINTS

4. *Quel regard portez-vous sur l'horizon en feu ?* (l.25-26) Que symbolise selon vous cet horizon ? À votre avis, la fin du poème est-elle optimiste ? 6 POINTS

5. En quoi ce poème est-il un texte engagé ? Quelles réactions Véronique Tadjo cherche-t-elle à susciter chez le lecteur ? 6 POINTS

6. Gerard Sekoto est un peintre qui a l'habitude de mettre au premier plan des personnages, des êtres humains. Est-ce le cas ici ? Qu'est-ce qui domine dans ce tableau ? 4 POINTS

7. Cette rue de Sophiatown dégage une impression de sécheresse, d'aridité. Relevez, dans le poème de V. Tadjo une expression qui évoque la même idée dans un autre registre. 2 POINTS

2 Grammaire et compétences linguistisques

8. Relevez, dans le texte, tous les mots qui appartiennent au champ lexical de la misère, de la souffrance physique. 4 POINTS

9. *en ce monde immonde* (l. 10). Comment l'adjectif *immonde* est-il formé ? Quel double sens cet adjectif a-t-il dans le poème ? 4 POINTS

10. *Quelle puissance vous lie à cette terre frigide qui n'enfante des jumeaux que pour les séparer ? Quel regard portez-vous sur l'horizon en feu ?*
Transformez ces deux phrases en une seule, en commençant par *je demandais* et en remplaçant *vous* par *elles*. 10 POINTS

DICTÉE 10 POINTS

Faites-vous dicter le texte qui figure page 21 dans les corrigés.

TRAVAIL D'ÉCRITURE 40 POINTS

Vous traiterez au choix le sujet A ou le sujet B. Votre rédaction sera d'une longueur minimale d'une soixantaine de lignes (300 mots environ).

Sujet A. Vous êtes reporter et vous rédigez un article sur les sans-abri de la ville évoquée dans le poème de V. Tadjo. Décrivez leur situation et leur vie quotidienne, en essayant de sensibiliser vos lecteurs à ces questions. Trouvez des arguments pour les inciter à aider les plus démunis.

Sujet B. V. Tadjo évoque des sans-abri. Vous avez sans doute, vous aussi, déjà croisé ou entendu parler de personnes qui vivent dans la rue. Quels sentiments avez-vous éprouvés à leur égard ? À votre avis, comment peut-on les aider ? Pourquoi est-ce important ?

COUP DE POUCE

Sujet A
Imagine que tu es allé dans cette ville et que tu fais le compte rendu de ce que tu as vu (partie descriptive). Puis, essaie de convaincre le lecteur que le sort de ces gens est injuste et qu'il faut les aider (partie argumentative).

COUP DE POUCE

Sujet B
Tu peux construire ta rédaction en deux parties : d'abord, en évoquant les sentiments parfois négatifs que l'on peut ressentir à l'égard des sans-abri (indifférence, peur, rejet de l'autre, culpabilité...) ; puis, en montrant que la situation de ces personnes doit au contraire inspirer la compassion et nous inciter à leur porter secours, chacun à son niveau.

BREVET BLANC 4

« Comme dans un rêve... »

Document A : texte littéraire

Augustin Meaulnes est invité à une fête dans un château. C'est à cette occasion qu'il rencontre pour la première fois la jeune châtelaine, Yvonne de Galais.

Sans savoir comment, Meaulnes se retrouva dans le même yacht que la jeune châtelaine. Il s'accouda sur le pont, tenant d'une main son chapeau battu par le grand vent, et il put regarder à l'aise la jeune fille, qui s'était assise à l'abri. Elle aussi le regardait. Elle répondait à ses compagnes, souriait, puis posait doucement ses yeux bleus sur lui, en tenant sa lèvre un peu mordue.

Un grand silence régnait sur les berges prochaines. Le bateau filait avec un bruit calme de machine et d'eau. On eût pu se croire au cœur de l'été. On allait aborder, semblait-il, dans le beau jardin de quelque maison de campagne. La jeune fille s'y promènerait sous une ombrelle blanche. Jusqu'au soir on entendrait les tourterelles gémir... Mais soudain une rafale glacée venait rappeler décembre aux invités de cette étrange fête.

On aborda devant un bois de sapins. Sur le débarcadère, les passagers durent attendre un instant, serrés les uns contre les autres, qu'un des bateliers eût ouvert le cadenas de la barrière... Avec quel émoi Meaulnes se rappelait dans la suite cette minute où, sur le bord de l'étang, il avait eu très près du sien le visage désormais perdu de la jeune fille ! Il avait regardé ce profil si pur, de tous ses yeux, jusqu'à ce qu'ils fussent près de s'emplir de larmes. Et il se rappelait avoir vu, comme un secret délicat qu'elle lui eût confié, un peu de poudre restée sur sa joue...

À terre, tout s'arrangea comme dans un rêve. Tandis que les enfants couraient avec des cris de joie, que des groupes se formaient et s'éparpillaient à travers bois, Meaulnes s'avança dans une allée, où, dix pas devant lui, marchait la jeune fille. Il se trouva près d'elle sans avoir le temps de réfléchir :

— Vous êtes belle, dit-il simplement.

Alain-Fournier, *Le Grand Meaulnes*, 1913.

Document B : image

Adapté au cinéma par Jean-Daniel Verhaeghe, Le Grand Meaulnes *est sorti sur les écrans en France en 2006. Dans cette scène apparaissent Augustin Meaulnes (incarné par Nicolas Duvauchelle) et Yvonne de Galais (Clémence Poésy).*

Le Grand Meaulnes, un film de Jean-Daniel Verhaeghe avec Clémence Poésy et Nicolas Duvauchelle (2006).

QUESTIONS 50 POINTS

1 Compréhension et compétences d'interprétation

1. Relisez le passage l. 6 à 10.

a) *La jeune fille s'y promènerait sous une ombrelle blanche. Jusqu'au soir on entendrait les tourterelles gémir…* À quel mode les verbes sont-ils conjugués ? Justifiez leur emploi. 4 POINTS

b) Quelles autres expressions indiquent que cette scène se déroule, pour Meaulnes, « comme dans un rêve » ? 4 POINTS

2. Relevez, au début puis à la fin du texte, deux expressions qui se font écho et qui montrent que Meaulnes est poussé inconsciemment vers la jeune fille, comme par une force invisible. 4 POINTS

3. Quel événement provoque cet *émoi* chez Meaulnes ? 4 POINTS

4. *Comme un secret délicat qu'elle lui eût confié* (l. 16) Quelle figure de style est employée ici ? 2 POINTS

❒ la métaphore ❒ la comparaison ❒ l'allégorie

5. Qu'est-ce qui fait, selon vous, de ce texte une scène typique de rencontre amoureuse ? Justifiez votre réponse. 6 POINTS

6. Décrivez la posture des deux personnages sur cette image. 4 POINTS

7. En quoi l'attitude de Meaulnes dans cette scène du film vous rappelle-t-elle les sentiments qu'il éprouve dans le texte ? 4 POINTS

2 Grammaire et compétences linguistisques

8. Dans cet extrait, Augustin Meaulnes et Yvonne de Galais se voient pour la première fois. Relevez, dans le texte, tous les mots qui appartiennent au champ lexical du regard. 4 POINTS

9. Donnez un verbe et un nom de la même famille que le mot *émoi* (l. 13). 4 POINTS

10. *« […] sans savoir comment, Meaulnes se retrouva dans le même yacht que la jeune châtelaine. Il s'accouda sur le pont, tenant d'une main son chapeau battu par le grand vent, et il put regarder à l'aise la jeune fille, qui s'était assise à l'abri. ».* Réécrivez ces phrases en remplaçant *Meaulnes* par *je*, *la jeune châtelaine* par *les jeunes châtelaines* et *la jeune fille* par *les jeunes filles*. 10 POINTS

> **COUP DE POUCE**
> **Sujet A**
> Tu dois t'exprimer à la 1re personne. Ton récit doit être vraisemblable. Il doit comporter une partie narrative et descriptive, puis une partie explicative.

DICTÉE 10 POINTS

Faites-vous dicter le texte qui figure page 23 dans les corrigés.

TRAVAIL D'ÉCRITURE 40 POINTS

Vous traiterez au choix le sujet A ou le sujet B. Votre rédaction sera d'une longueur minimale d'une soixantaine de lignes (300 mots environ).

Sujet A. « Avec quel émoi Meaulnes se rappelait dans la suite cette minute […] » Comme à Meaulnes, il vous est arrivé de vivre une belle rencontre. Vous direz dans quelles circonstances elle s'est produite, ce que vous avez éprouvé et vous expliquerez quelle importance cette rencontre a eue pour vous.

Sujet B. À l'occasion d'une discussion avec un(e) camarade, vous confrontez vos points de vue sur le « coup de foudre » qu'Yvonne de Galais nomme une « folie ». Chacun des interlocuteurs doit exposer au moins deux arguments.

> **COUP DE POUCE**
> **Sujet B**
> Il s'agit bien d'un dialogue argumentatif dans lequel deux points de vue différents vont s'affronter. Tu dois donc trouver des arguments en faveur de l'un (le coup de foudre existe, il est ce qu'il y a de plus beau dans l'amour), puis en faveur de l'autre point de vue (le coup de foudre n'existe que dans les films et les romans ; l'amour est tout autre chose).

Les classes grammaticales et les fonctions

Les classes grammaticales

Classe grammaticale	Exemples	Définition
Mots variables		
nom	*Julie, fille, amitié*	Un nom **désigne** un être, une chose ou une idée. *Julie* est un nom propre, *fille* est un nom commun.
déterminant	*un, le, cette, ses*	Un déterminant **introduit un nom**. Il forme avec lui un groupe nominal (minimal).
adjectif qualificatif	*beau, égale, puissants*	Un adjectif qualificatif apporte des **précisions sur le nom** qu'il qualifie.
pronom	*il, lui, celle, les siens*	En général, un pronom **remplace un nom** ou un groupe nominal (*pro* = « à la place de »).
verbe	*aimer, partait, serons*	Un verbe exprime une action ou un état. Il **se conjugue,** c'est-à-dire qu'il prend une forme différente selon le temps évoqué, le nombre et la personne du sujet.
Mots invariables		
adverbe	*ici, hier, clairement*	Un adverbe peut **s'ajouter** à un verbe, ou à un adjectif, un autre adverbe, une proposition.
préposition	*à, dans, à côté de*	Une préposition **sert de lien** entre un mot et son complément.
conjonction	*mais, ou, et, car,* *que, quand, dès que*	Une conjonction **relie deux propositions** : – de même nature (conj. de coordination) ; – principale et subordonnée (conj. de subordination).

Les fonctions

Fonction	Exemple	Définition
À l'échelle d'une proposition		
sujet	*Julie aime Théo.*	Le sujet répond à la question ***Qui est-ce qui ? / Qu'est-ce qui ?*** suivie du verbe.
complément d'agent	*Théo est aimé de Julie.*	Le sujet devient complément d'agent lors de la transformation d'une phrase active en **phrase passive.**
attribut du sujet	*Julie est étudiante.*	L'attribut du sujet exprime une **caractéristique du sujet** ; il s'y rapporte par l'intermédiaire d'un verbe d'état.
COD	*Julie aime le cinéma.*	Le COD **complète** le verbe, **directement** (sans préposition).
attribut du COD	*Elle trouve ce film époustouflant.*	L'attribut du COD exprime une **caractéristique du COD** ; il s'y rapporte par l'intermédiaire d'un verbe exprimant un choix, un jugement...
COI	*Théo s'initie à la calligraphie.*	Le COI **complète** le verbe, **indirectement** (avec une préposition).
COS	*Théo envoie un message à Julie.*	Le COS complète un verbe **qui a déjà un complément d'objet.**
complément circonstanciel	*Théo et Julie se voient avec plaisir.*	Un complément circonstanciel exprime une **circonstance** (temps, lieu, manière...) de l'action.
À l'échelle d'un groupe nominal		
épithète	*une étudiante sympathique*	Une épithète **se rapporte directement à un nom, qu'il qualifie.**
complément du nom	*une étudiante en biologie*	Un complément du nom **complète un nom** à l'aide d'une **préposition.**
apposition	*Passionnée de cinéma, Julie possède 100 DVD.*	Une apposition **se rapporte à un GN**, dont elle est séparée par une virgule (construction détachée).

Les principaux homophones grammaticaux

Ne confonds plus...	Identifie...	Exemples
a et ***à***	• ***a*** : 3e pers. du sing. du v. *avoir* au présent • ***à*** : préposition	*Il **a*** (= avait) *mis du temps **à*** (≠ avait) *arriver.*
ou et ***où***	• ***ou*** : ou bien • ***où*** : exprime le lieu	*Sais-tu **où*** (≠ ou bien) *il est parti en vacances : à la mer **ou*** (= ou bien) *à la montagne ?*
on et ***ont***	• ***on*** : pronom sujet • ***ont*** : 3e pers. du pl. du v. *avoir* au présent	***On*** (≠ avaient) *est surpris par tout le travail qu'ils **ont*** (= avaient) *accompli.*
son et ***sont***	• ***son*** : dét. possessif • ***sont*** : 3e pers. du pl. du v. *être* au présent	*Jules et Julie **sont*** (= étaient) *partis avec **son*** (= le sien) *scooter.*
ces et ***ses***	• ***ces*** : dét. démonstratif • ***ses*** : dét. possessif	***Ses*** *parents* (= les siens) *lui ont offert **ces** belles baskets rouges* (= celles-là).
ce et ***se***	• ***ce*** : dét. ou pronom démonstratif • ***se*** : pronom réfléchi	*Barnabé **se** demande* (→ verbe *se demander*) *encore s'il va aller voir **ce** film* (= celui-là).
c'est et ***s'est***	• ***c'est*** : présentatif • ***s'est*** : se + est	• ***C'est*** (= cela est) *décidé : nous y allons.* • *Il **s'est** décidé à y aller* (→ verbe *se décider* au passé composé).
la, là et ***l'a***	• ***la*** : article ou pronom • ***l'a*** : le/la + a • ***là*** : adverbe de lieu	• *Il **la** prend dans ses bras.* • *Il **l'a** injuriée copieusement.* • *C'est **là** que je les ai vus pour la dernière fois.*
les, l'ai et ***l'est***	• ***les :*** article ou pronom • ***l'ai*** : le/la + ai • ***l'est*** : le/la + est	• *Il s'entretenait avec **les** voisins.* • *Je **l'ai** entendu rire.* • *Bizarre, il **l'est** réellement.*
ni et ***n'y***	• ***ni*** : conjonction de coordination de sens négatif • ***n'y*** : ne + y	• *Je n'ai **ni** regret **ni** rancœur.* • *Je **n'y** pense plus* (= Je ne pense plus à cela).
si et ***s'y***	• ***si*** : conjonction ou adverbe • ***s'y*** : se + y	• *Il est **si** tard. Je ne sais pas **si** j'ai le courage.* • *Il **s'y** est mis* (= Il s'est mis à cela).
sans et ***s'en***	• ***sans*** : préposition exprimant un manque • ***s'en*** : se + en	• *Il est parti **sans** elle.* • *Il **s'en** sort bien* (= Il se sort bien de cela).
dans et ***d'en***	• ***dans*** : préposition exprimant le lieu ou le temps • ***d'en*** : de + en	• *Le spectacle commence **dans** une heure.* • *Il est soulagé **d'en** sortir* (= de sortir de là) *sain et sauf.*
quand, quant et ***qu'en***	• ***quand*** : à quel moment, lorsque • ***qu'en*** : que + en • ***quant à*** : en ce qui concerne	• ***Quand*** (= à quel moment) *reviendra-t-il ?* • ***Qu'en*** *pensez-vous ?* (= Que pensez-vous de cela ?) • ***Quant à*** *moi* (= en ce qui me concerne), *je n'y crois pas.*
quoique et ***quoi que***	• ***quoique*** : bien que • ***quoi que*** : quelle que soit la chose que	• ***Quoique*** (= bien que) *fatigué, il est là.* • ***Quoi qu'****il fasse* (= quelle que soit la chose qu'il fasse), *il réussit.*
quel(les) et ***qu'elle(s)***	• ***quel(les)*** : dét. interrogatif ou exclamatif • ***qu'elle(s)*** : que + elle(s)	• ***Quel*** *jour* (= lequel) *sommes-nous ?* • *Il faut **qu'elle*** (= qu'il) *se repose.*
quelque et ***quel(les) que***	• ***quelque(s)*** : dét. indéfini • ***quel(les) que*** + v. *être* au subjonctif : exprime l'opposition	• *Voici **quelques*** (= des) *fleurs.* • ***Quel que*** *soit ton choix, je le respecterai.*

Crédits iconographiques

52		©	Aude Perrier / Commande publique du ministère de la Culture et de la Communication – Centre national des arts plastiques
53		©	Sécurité routière / ministère de l'Écologie et de l'Énergie, du Développement durable et de la Mer
54	ph	©	Centre Pompidou, MNAM-CCI, Dist. RMN-Grand Palais / Droits réservés
56	ph	©	Raphaël Gaillarde / Gamma-Rapho © ADAGP, Paris 2018
58	ph	©	Johannesburg Art Gallery, South Africa / Bridgeman Images © Estate of Gerard Sekoto / ADAGP, Paris, 2018
60		©	Mosca Film / DR – Coll. Prod DB

Livret :

15	ph	©	Phovoir
25	h		Couverture de *La Route*, Cormac McCarthy © Éditions de l'Olivier, 2008, Points, 2009
25	mg		J.R.R. Tolkien, *Le Seigneur des Anneaux, tome I : La Communauté de l'Anneau*, couverture illustrée par Philippe Munch, Jame's Prunier, Collection Folio Junior © Gallimard Jeunesse
25	md		Couverture de *Le Comte de Monte-Cristo* d'Alexandre Dumas, Coll. Classiques & Cie Collège © Hatier 2014
25	bg		Couverture de Pierre Bottero, *L'Autre,* « Le Souffle de la hyène », Rageot Poche © Rageot 2009 Illustration © Didier Garguilo
25	bd		Couverture de l'ouvrage *Au revoir là-haut* de Pierre Lemaitre © Albin Michel, 2013
26	hg		Couverture du livre de Jean Anouilh, *Antigone*, illustration de couverture : Raphaëlle Hayot, Design Graphique, Cheeri © La Table Ronde, 2017
26	hd		Couverture de *Bel-Ami* de Guy de Maupassant, 1885, Coll. Œuvres & thèmes © Hatier, 2018
26	mg		Couverture du *Journal* d'Anne Frank © Le Livre de poche, 2017
26	md		Couverture de *Le K* de Dino Buzzati, éditions Pocket, 2017 © Frédéric Tacer
26	b		Couverture de *L'Écume des jours* de Boris Vian © Le Livre de poche, 2014

Carte mentale « Je veux distinguer les genres littéraires » :

hg	ph	©	Leemage
bg	ph	©	Josse / Leemage
bgm	ph	©	Josse / Leemage
bm	ph	©	Luisa Ricciarini / Leemage
bd			*Kirikou et la sorcière*, film de Michel Ocelot © 1998 Les Armateurs / Odec Kid Cartoons / France 3 Cinéma / Monipoly / Trans Europe Film / Exposure / RTBF / Studio O

Iconographie : Hatier Illustration

Je veux savoir distinguer les genres littéraires

le théâtre

C'est un texte destiné à être joué devant un public.

On distingue deux grands genres théâtraux :
- la **comédie** (les personnages nous font rire, leur histoire se termine bien) ;
- la **tragédie** (victimes d'un destin tragique, les personnages suscitent la pitié).

Dramaturge du XVIIe siècle, Molière a écrit plus de trente comédies.

le roman

C'est un récit long mettant en scène des personnages fictifs.

Il existe divers **types de romans** :
- les romans d'aventure ;
- les romans d'apprentissage ;
- les romans d'anticipation ;
- les romans historiques…

la poésie

Un poème, souvent écrit en vers, se caractérise par son pouvoir évocateur et sa musicalité.

Il existe différents registres poétiques :
- lyrique (le poète exprime ses sentiments) ;
- épique (il vante des valeurs collectives) ;
- satirique (il se moque des travers de son époque).

Paul Verlaine et Arthur Rimbaud sont deux poètes de la fin du XIXe siècle.

l'autobiographie

L'auteur y fait le récit de sa vie.

C'est le **projet de Rousseau** dans les ***Confessions***. « Je veux montrer à mes semblables un homme dans toute la vérité de sa nature ; et cet homme, ce sera moi. »

le conte et la nouvelle

Ces récits de fiction se distinguent du roman par leur concision.

- Le **conte** raconte une histoire merveilleuse et met en scène des personnages hors du commun.
- La **nouvelle** raconte en quelques pages un événement présenté comme authentique.

Kirikou et la sorcière est un conte d'origine africaine.

Chouette

NOUVEAU PROGRAMME

Tout pour s'entraîner en français 3e

- Un **test** pour se situer
- De petites **unités de révision**
- Des sujets de type **brevet**
- Tous les **corrigés** dans un livret

+ **Quiz et exercices interactifs sur www.hatier-entrainement.com***

+ Des **CARTES MENTALES** pour organiser ses connaissances et mieux mémoriser

La collection Chouette au collège

Flashez ce code avec votre mobile pour accéder au site : **www.hatier-entrainement.com**

* Offre valable pendant toute la durée de commercialisation de cet ouvrage.

Graphisme Primo&Primo - Illustration : Raymond Sébastien

PV France 5,20€

73 4517 1
ISBN 978-2-401-05256-7
9 782401 052567